Gerhard Lang
Von all dem
Kurzprosa

Gerhard Lang

Von all dem

Kurzprosa

Bibliografische Information der Deutschen Nationalbibliothek
Die Deutsche Nationalbibliothek verzeichnet diese Publikation in der Deutschen Nationalbibliografie;
detaillierte bibliografische Daten sind im Internet über http://dnb.d-nb.de abrufbar.

1. Auflage 2021
© Copyright beim Autor
Alle Rechte vorbehalten
Herstellung: TRIGA – Der Verlag UG (haftungsbeschränkt), GF: Christina Schmitt
Leipziger Straße 2, 63571 Gelnhausen-Roth
www.triga-der-verlag.de, E-Mail: triga@triga-der-verlag.de
Druck: Druckservice Spengler, 63486 Bruchköbel
Printed in Germany
ISBN 978-3-95828-246-9

Auszeit

Zwei Freizeitsportler liegen nach einem Unfall für mehrere Wochen im Krankenhaus.

Der Ältere ist Hobby-Philosoph, Bücherwurm und leidenschaftlicher Rennradfahrer. Der Jüngere, ein Draufgänger-Typ und leidenschaftlicher Snowboarder. Als in diesem erzwungenen Zustand der Langeweile der Snowboarder den Hobby-Philosophen fragt, ob er denn nicht mal Lust hätte auf eine Runde Quizduell. Der Hobby-Philosoph erwidert verlegen, dass er jetzt nicht recht wisse, was er meine, worauf der Snowboarder abwinkend erwidert, dass das kein Problem sei. Er solle ihm nur kurz, zwecks Installation, sein Handy rüberreichen und schon könne es losgehn.

Die Langeweile nimmt ab. Der Hobby-Philosoph und Bücherwurm wittert zusehends Morgenluft seinem jungen Heißsporn gegenüber, dem er, dank seiner Erfahrung und Belesenheit, Paroli würde bieten können. Als eines Tages, ausgerechnet in seiner Lieblingskategorie, die Frage gestellt wird: Wer schrieb »Beste Geschichte meines Lebens?« Und der Philosoph ist erschrocken und verärgert. Er weiß die Antwort nicht und ist sich nicht mal sicher, ob er sie je gewusst hat.

An dem Tag, an dem der Hobby-Philosoph, Bücherwurm und leidenschaftlicher Rennradfahrer entlassen wird, sagt der Snowboarder zum Abschied genüsslich, dass er, solange er denken kann, die Bücher von Wolfdietrich Schnurre schon im Bücherregal seines Vaters stehen sehe. Aber das mit der »Beste Geschichte meines Lebens« habe er nicht nur einmal gelesen.

Affront

In einem Straßencafé sitzen sich zwei ältere Damen gegenüber. Sie kennen sich nicht. Sie essen Obstkuchen und trinken schwarzen Kaffee, den sie aus Kännchen in ihre Tassen gießen. Mit Blick auf eine Mutter, die ein paar Tische weiter ihr Baby stillt, sagt die eine Dame zu der anderen, es sei doch ein Affront zu sehen, wie heutzutage gegen alle guten Sitten verstoßen werde.

Zu unserer Zeit, sagt sie, sei das doch ganz anders gewesen. Da habe sich eine Mutter mit ihrem Baby an einen ruhigen Ort begeben. Ob sie es sich denn hätte vorstellen können, so in aller Öffentlichkeit ihr Baby zu stillen? Lächelnd antwortet die Angesprochene, dass sie es sich zu keiner Zeit ihres Lebens hätte schöner vorstellen können. Jetzt aber sei sie dafür leider schon zu alt. Auch habe man ihr schon vor Jahren eine Brust abgenommen.

Ärgerlich

Er habe sich immer gewünscht, auch mal einer von denen zu sein, die von Einsatzkräften bei Demonstrationen weggetragen werden. So weit sei es nie gekommen. Aber am Abend, wenn die Tagesschau über den Polizeieinsatz berichtete, habe er dann immer ein gutes Gefühl bekommen, als sei auch er einer von denen gewesen, die von Einsatzkräften weggetragen wurden. Ein liebes Trostpflästerchen sei ihm das bis heute. Nichtsdestotrotz aber würde es ihn saumäßig ärgern, wenn sie ihn eines Tages dann doch mal wegtrügen, er dann das Victory-Zeichen nicht mehr würde machen können.

Antwort

Nein, Langeweile plage ihn gar nie. Er verstehe sich darauf, Langeweile zu genießen. Sonst wäre es ihm ja stinklangweilig.

Anfangende

Mit dir trank ich meinen ersten Caffé Corretto.

Du sahst mich auf der Ponte Pietra. Du tauchtest plötzlich neben mir auf, mit deinem Lächeln, deiner Kamera und sagtest: Nur eins, okay?

Nur eins, der Fotoapparat klickte und klickte! Entsprach ich doch allem anderen als dem Klischee der Blondgelockten nördlich der Alpen.

Aber du ludst mich auf einen Caffé Corretto ein und sagtest, dass du für ein Umweltmagazin arbeitest. Mit zwei Fingern und einem »Bitteschön-Lächeln« zogst du aus dem Brusttäschchen deines Hemdes eine Visitenkarte und reichtest es mir. Du liest nicht locker, bis ich nachgab und ich mich mit dir zusammen unter Romeos und Julias Balkönchen ablichten ließ.

Erst in meinem Zimmer betrachtete ich dein Kärtchen wirklich, sprach ich laut, dann wieder leise, fast zärtlich deinen Namen.

Du wolltest mich noch bis zu meinem Hotel begleiten. Die verschlungenen kleinen Wege, die du dabei mit mir gingst, sie schenkten dich mir noch eine ganze Stunde.

Erst am Hotel gestandst du mir, dass du dich schon morgen auf den Weg machen müsstest für eine Reportage ins Stava-Tal.

Aber dann aßen wir noch zu Abend. Auf der Terrasse in meinem Hotel. Die Fotos, sagtest du, ein Wort und ich steh vor deiner Tür. Deine Augen, diese schwarzen, sie meinten es erst, als du das sagtest. Und dich zu mir beugtest. Und wir uns, auf der Terrasse meines Ferienhotels küssten. Und ich dir auf die Rückseite eines deiner Visitenkärtchen meine Adresse schrieb.

Du bist nicht, wie geplant, gefahren. Du wolltest noch einen weiteren Tag mit mir verbringen. Die Recherchen, sagtest du, ob heute oder morgen, es spielt doch keine Rolle, der Berg läuft mir nicht davon – aber du ...

Man hat in Tesero, im Ortsteil Stava ein Dokumentationszentrum errichtet. Ich habe es noch nie betreten. Ich kenne es nicht von innen. Ich kenne alle die Plätzchen außenherum, an denen die Schwalben ihre Nester bauen und die Ameisen sich auf ihren Straßen begegnen. Und die kühlen Nischen, in denen sich die Schneckenpaare lieben. Aber ich kenne nicht den großen, weißen Fleck, oben am Berg, den es noch immer gibt, der noch immer in der Sonne schön wie ein Gletscher glänzt. Und ich kenne nicht die Stelle im Dokumentationszentrum, an der auch dein Name steht.

Seit gestern bin ich wieder hier. Ich hatte Glück: Im *Erica* angekommen, fegte ein Gewittersturm los, der, mit der Wucht eines Eishagels, dem Sonnenidyll in Sekunden sein Lachen nahm. Aber schon nach zwanzig Minuten war alles wieder vorbei – über den Berghängen wabbelte wieder ein Sommerwasserblau, ich roch es noch in meinem Zimmer. Noch unter der Dusche. Noch, als ich mich fürs Abendessen schönmachte – für dich –, an dem Tischchen, das man für mich reserviert, wenn ich hier bin. Auf das, wenn ich Glück habe, in der Mittagsstunde ein Licht fällt, das mich an ein Licht in deinen Augen erinnert, das ich nie, nie, nie vergessen werde.

Ich esse Rigatoni mit Sommergemüse. Ich trinke Chianti Castello, mit dir an meiner Seite.

Auch deinen Fotoapparat hat man nie gefunden. Nicht die kleinsten Reste eines Belegs dafür, dass du im Erica die letzte Nacht deines Lebens verbrachtest. Nichts ist geblieben. Man weiß nichts.

In deiner letzten Minute ... dachtest du da an mich, mein Liebster?

PS.: Nach Verona fahre ich nicht mehr. Der Rummel, die lange Fahrt, es ist mir zu viel geworden.

Für Gerlinde Schäffer, geb. Kölle

Achtzehn

Lindas Gesicht war schmal. Ihr Mund lieblich weich. Das Haar braungewellt – braun und glänzend wie ihre Augen. Ihre Augen, die, wenn sie lächelte, mich noch immer an einen Hügel im Septemberlicht erinnern. In jenem Moment im Septemberlicht, als sich der Sonnenball an ihn schmiegte. Seine Silhouette jenes Leuchten in ihren Augen widerspiegelte, als sie das letzte Mal in das Gesichtchen ihres kleinen Mädchens und in das Gesichtchen ihres kleinen Bübchens geblickt hatte.

Anekdote

In der Business Class sitzen sich zwei ältere Herren in ihren Clubsesseln gegenüber, als einer der beiden sich schmunzelnd mit der Frage an seinen Mitreisenden richtet, ob er ihm eine kleine Anekdote zum Besten geben dürfe. Soeben sei sie ihm, angesichts dieser grandiosen Unendlichkeit über den Wolken, wieder in den Sinn gekommen. Der Angesprochene ist überrascht, lächelt und nickt dem Mann zustimmend zu.

Ich war elf Jahre alt, als ich meinen Vater einmal fragte, wie lange es denn noch dauern würde, bis der Jüngste Tag käme, von dem der Pfarrer in der Religionsstunde behauptet, dass, wenn der Jüngste Tag kommt, alle guten Menschen ins Paradies kommen und alle Bösen und die, die nicht an Gott glauben, in die Hölle. Ich wollte von meinem Vater wissen, wann denn dieser jüngste Tag kommen würde.

Mein Vater sah mich eine Weile erstaunt an, dann antwortete er: »Stell dir mal vor, du hockst an einem wunderschönen Sommertag auf einer Wiese unter einem Baum und bist in dein Lieblingsbuch vertieft, als plötzlich ein gewaltiger Windstoß über die Wiese fegt, der alle Wörter aus deinem Lieblingsbuch mit sich reißt, durch die Luft wirbelt und in alle Himmelsrichtungen, auf nimmer Wiedersehen verweht, sodass dein Lieblingsbuch nichts weiter mehr wäre als ein Stapel weißes Papier zwischen zwei Buchdeckeln.«

Er sah mich eine Weile an und fragte: »Würdest du daran glauben können, dass es einem erneuten Windstoß gelingen würde, jedes einzelne Wort wieder zurück in dein Lieblingsbuch wehen zu lassen? Exakt auf die richtige Seite? Exakt an die richtige Stelle, Wort für Wort, als wäre nichts geschehen? Würdest du das glauben können?«

Nachdem der Erzähler geendet hatte, saßen die beiden älteren Herren noch lange schweigend in ihren Clubsesseln, lächelten sich an, mit einem Lächeln, das keine weiteren Worte mehr brauchte.

Abgenabelt

Sein Vorhaben, sich eine Beatles-Frisur wachsen zu lassen, scheiterte am kompromisslosen Widerstand der Mutter. Sie eskortierte ihn, als er sich weigerte, sich die Haare schneiden zu lassen, eigenhändig zum Frisör. Es munterte ihn dann wieder etwas auf, dass sein Freund ihn fragte, ob er mit ihm Zorro gegen Tarzan-Heftchen tauschen wolle. Die Mutter erklärte sich bereit, ihm für den Faschingsdienstag eine Zorro-Maske zu schneidern – und das schönste Mädchen aus der Klasse, sagte zu ihm, wenn er ihr die Maske schenke, dürfe er sie so lange Küssen bis sie in Gedanken auf zehn gezählt habe, da war der Wunsch nach einer Beatles-Frisur in weite Ferne gerückt. Und auch das Angebot der Mutter, als sie das Techtelmechtel mit dem Mädchen spitzbekommen hatte, seine Haare auch durchaus länger tragen zu dürfen, blieb ohne Erfolg.

Behauptung

Nein, nicht wir sind die wirklich Schlauen, das seien doch die Insekten. Dreihundertfünfzig Millionen Jahre sagen doch alles. Da müsse man nix mehr beweisen. Daran ändere auch die Erfindung der Fliegenklatsche nichts.

Beata Vita

Was hat mein Stolz aus mir gemacht! Jetzt habe ich ihn besiegt. Ich habe keine Veranlassung mehr, stolz zu sein. Stolz auf meine Unnachgiebigkeit. Stolz auf meine Eitelkeit. Stolz, mich so perfekt zerstört zu haben. Dieser Brief soll Dir zeigen, dass ich es nicht mehr bin. Und dass ich bereue, es jemals gewesen zu sein. Ich bereue, was ich Dir angetan habe. Jetzt bin ich wieder ich. Und Du bist wieder nur Du.

Es ist grausam zu wissen, dass ich Dich nicht mehr um Vergebung bitten kann. Mich nur in den Nächten mit Weinen trösten zu können. Und zu denken: Warum sollte er Dir antworten auf Deine Briefe? Dir, die doch jahrelang jeden Brief von ihm unbeachtet ließ, den er Dir geschrieben hatte? Die jedes Flehen von ihm, jede Bitte, ignorierte? Warum also sollte er dir schreiben? Dir, die doch jeden noch so kleinen Schmerz, den sie ihm zufügen konnte, genoss?

Jetzt aber will ich Dir sagen: Ich bereue. Bereue, Dein Leben – und unser gemeinsames – eines Mädchens wegen zerstört zu haben. Eines Mädchens wegen, das sich vorgenommen hatte, Dich zu lieben. Und das das schönste Mädchen war, das ich je gesehen hatte. Der Gedanke an sie war mir früher unerträglich. Jetzt aber denke ich anders und will Dir sagen: Warum soll es so undenkbar sein, so ganz ausgeschlossen und unvorstellbar, dass ein Mädchen einen Mann zu lieben anfängt, wider besseren Wissens, und ihn – in jeder Sekunde ihrer Liebe – tiefer und tiefer ins Unglück stürzt? Sie ihn – ihrer Jugend wegen – ins Gefängnis bringt? Seines und auch das Leben anderer zerstört? Warum denn soll es so undenkbar sein, so ganz ausgeschlossen und unvorstellbar, dass so etwas meinem Geliebten widerfährt? Dass es mein Geliebter ist, der den Reizen eines Mädchenkörpers nicht widerstehen konnte? Warum soll es so undenkbar sein, so ganz ausgeschlossen und unvorstellbar sein, dass man diese schönsten Gefühle, zu denen Menschen fähig sind, trotz Verbot und Strafe dennoch zu fühlen begehrt?

Dieses Fühlen wider besseres Wissen mit Freude unterliegt? Was vermag da – in solchen Augenblicken – ein Gesetz? Eine Strafandrohung? Der Zeigefinger der Gesellschaft? Der Abgrund, in den andere gestoßen werden?

Nicht das Mädchen hat uns zerstört. Ich war es. Und mein Stolz war es. Und meine Sorge um mein Ansehen in der Gesellschaft war es. Und die Blicke der Freunde waren es. Und das Gefühl der Erniedrigung und der Rachelust. Und das Befolgen vieler und schlechter Ratschläge.

Nicht Du hast mich verlassen, sondern ich Dich. Ich bereue, Dir das angetan zu haben, denn in Wahrheit hast Du gelitten und längst bereut. Und mich um Vergebung angefleht. Aber ich und mein Stolz haben »Nein« gesagt. Haben Dich vor Gericht geschleppt. Haben jedem Ansatz zu einer Versöhnung widerstanden. Ich und mein Stolz haben »Nein« gesagt. Zu allem immer nur »Nein!«

Nicht Du hast mich verlassen, sondern ich Dich. Und ich war es, die Dich verstoßen hat. Die alles angeblich Schlechte, alles das, was andere über Dich sagten, begierig aufgesogen hat. Verzeih mir– wenn Du kannst. Verzeih!

Jetzt hat der Krebs mich bald besiegt. Es ist gut, dass wir uns nicht mehr wiedersehen. Vielleicht werden wir die Beata Vita erst dann erfahren, wenn alles Irdische abgelegt ist.

Für meinen Vater

Blechdach

Er rührte sich nicht, zuckte nicht zusammen, als die Tür ins Schloss knallte.

Er saß noch lange im Dunkeln und hörte noch lange dem Regen zu. Dem rhythmischen Prasseln auf ein Blechdach – und dem Hämmern in seiner Brust.

Als er den Raum verlässt, war auch das Prasseln auf ein Blechdach schon wieder ganz sanft geworden.

Besserwisser

Alles weißt Du besser. Alles machst Du perfekter. Alles beherrschst Du souveräner. Alles hast Du im Griff. Na denn adieu, adieu, Du mein Alles! Meine Magenverstimmung! Mein perfekter Durchfall! Mein Alles-im-Griff-habendes-Kleines Arschloch, adieu, adieu! Ach, und wenn's mal doch hinten gluckert – dann bitte, bitte sei unbesorgt, der Planet wird's Dir verzeih'n – ein paar Fürze lang auf Dich verzichten zu müssen!

Blaues Kuvert

Um neun Uhr geht er immer aus dem Haus, spaziert eine Stunde auf immer demselben Weg zum Stadtpark, um sich dort auf die Bank zu setzen, auf der er einmal, ein von der Junisonne beschienenes blaues Briefkuvert gefunden hatte, das mit einem Reisnagel auf der Sitzfläche befestigt war. Mehrere Tage lang hatte es dort unversehrt neben ihm gelegen. Am fünften Morgen war es verschwunden. Es lagen keine Fetzen am Boden. Nichts war zu finden. Aber er erinnert sich noch genau an die, in Zierschrift geschriebenen Initialen, die das blaue Kuvert so lieblich verzierten.

Briefschreiberin

Nach dem Frühstück schreibt sie auf ein Blatt Papier, dass sie schon seit Längerem mit dem Gedanken spiele, ihre Stadtwohnung zu verkaufen. Erste Schritte habe sie schon eingeleitet. Sie müsse ihr das streng vertraulich mitteilen, dass sie es in dieser Stadt nicht mehr aushalte unter Mördern. Die erst kürzlich wieder ihren kleinen Hund vergiftet und überfahren haben. Sie habe deshalb auch beschlossen, niemanden mehr zu grüßen. Sie sei die Erste, der sie das streng vertraulich mitteile. Sie müsse absolutes Stillhalten versprechen, dass sie schon seit Längerem mit dem Gedanken spiele, ihre Stadtwohnung zu verkaufen. Erste Schritte habe sie schon eingeleitet. Dass sie es in dieser Stadt nicht mehr aushalte unter Mördern. Sie habe eine Stadt ausfindig gemacht, in der es keine Mörder gebe. Und sie jetzt sofort ihre Stadtwohnung verkaufen müsse. Erste Schritte habe sie schon eingeleitet. Und sie jetzt wissen müsse, dass sie den Brief nicht zur Post bringen werde. Dass sie ihr den Brief eigenhändig in den Briefkasten stecken werde. Und sie nur noch schnell wissen müsse, ob sie auch in dieser Stadt wohne. Unter Mördern, die erst kürzlich wieder ihren kleinen Hund vergiftet und mit einem Postauto überfahren haben. Sie spiele jetzt mit dem Gedanken, ihre Stadtwohnung zu verkaufen. Erste Schritte habe sie schon eingeleitet. Sie sei die Einzige, der sie das streng vertraulich mitteile, dass sie es in dieser Stadt nicht mehr aushalte unter Mördern. Weil die Stadt eine Mörderstadt sei. Weil man erst kürzlich ihren kleinen Hund vergiftet und überfahren habe: Sie müsse ihr jetzt streng vertraulich mitteilen, dass ...

Dichter

Der Dichter steht am Fenster. Er schaut auf die schmale Zufahrtsstraße hinunter, die zum »Haus der Dichter ohne Gesichter« führt, wie sie scherzhaft genannt wird, die im Stil des Klassizismus erbaute Villa, die jetzt zu einem Treffpunkt für all die Dichter geworden ist, die in ihrem ganzen Dichterleben noch nie ein Buch veröffentlicht haben. Deren gesammelte Worte allesamt das gleiche Schicksal eint: Ein Dasein auf ungezählten Festplatten, A4-Seiten und Schulheften, Notizblöcken und sonstigen Zettelchen, die den Dichtern genügen; ihre Worte sind in der Welt, sie auch noch hinauszuposaunen ist nicht nötig. Man kann sich in der Villa austauschen. Lesungen veranstalten. Und den Interessierten etwas Einmaliges schenken. Etwas, das es nicht zu kaufen gibt.

Der Dichter sieht die Sonne aufblitzen, die in diesem Moment hinter einer Hügelkette hervorbricht und ihn zum Blinzeln zwingt. Er blickt wieder auf die Hofeinfahrt hinab, auf das schwere Schiebetor, das offensteht, das jeden, der vorbeikommt, einen Blick auf die »Villa der Dichter ohne Gesichter« erhaschen lässt. Und es auch zu seinen Aufgaben gehört, die Dichtergäste in der Villa willkommen zu heißen und ihren Aufenthalt mit zu begleiten.

Der Dichter blickt die Hofeinfahrt hinunter und wieder in die Sonne, die jetzt ihre Wärme verstrahlt. Die am Abend weit da hinten wieder verlöschen wird, zwischen Pinien, vor einem Fenster, von dem aus man in einen kleinen Park blicken kann, der ihn an »Klingsors Garten« erinnert.

Auf der schmalen Zufahrtsstraße hört der Dichter jetzt ein Auto kommen; gleich wird es in die Hofeinfahrt einbiegen.

»Nun lasst mal alles stehen!«, ruft der Dichter, aus dem Schatten des Eingangsportals tretend, den Neuangekommen zu. »Oben auf der Terrasse, da wartet schon ein Frühstück auf uns.«

Du und ich

Als der japanische Kaiser Hirohito 87-jährig in Tokio starb, standen Du und ich im Foyer eines Kinos. Wir schauten uns die Plakate des laufenden Programms an. »›Cocktail‹, der wäre okay oder?«, sagtest Du so selbstverständlich, als würden wir uns kennen. Nach der Vorstellung gingen wir in eine ziemlich überfüllte Kneipe, gleich neben dem Kino. Zwei Stunden später sagtest Du, ebenso abrupt wie zuvor im Kino, dass Du nun gehen müsstest. Und als Du gegangen warst, wusste ich von Dir nicht viel mehr als Deinen Namen und Deine Telefonnummer ...

Als an der Berliner Mauer der 20-jährige Chris Gueffroy bei dem Versuch, nach West-Berlin zu flüchten, von DDR Grenzsoldaten erschossen wurde, überraschte ich Dich mit einem Wochenendticket nach Berlin. Während der ganzen Zugfahrt ließen wir uns kaum aus den Augen. Wir fuhren mit so viel Freude und Liebe in diese geteilte Stadt, in der schon Haselnüsse und Primeln blühten. Nur für uns, sagtest Du ...

Als vor der Südküste Alaskas der mit 206 000 Tonnen Rohöl beladene Tanker »Exxon Valdez« auf ein Riff lief und 42 000 Tonnen Rohöl im arktischen Meer trieben, lagen wir in meiner kleinen 2-Zimmer-Wohnung in der Badewanne. Ich glaube, als Du mich fragtest, ob ich zu Hause eine Badewanne hätte, waren mein verdutztes Gesicht und mein kleinlautes Ja Dir das größere Vergnügen ...

Als ein sowjetisches Atom-U-Boot im Nordmeer vor der norwegischen Küste in Brand geriet und sank und dabei 42 Besatzungsmitglieder ihr Leben verloren, glaubte ich an unsere absolute Identität, wenngleich ich spürte, dass da etwas war, das sich immer wieder wie eine Glaswand zwischen uns schob. Aber dann waren es wieder Dein Blick und Dein Lächeln, in einem Moment, als Dir von der Stirn eine Strähne übers Auge fiel, die sie wieder zum Zerbersten brachten ...

Als der französische Radprofi Laurent Fignon die 72. Italienrundfahrt Giro d' Italia gewann, versprachen wir uns, uns zu Deinem oder zu meinem Geburtstag etwas Einmaliges auszudenken. Wenn es nicht mehr als 100.000 Mark kostet, lachtest Du.

Als bei einem Schiffsunglück auf der Themse bei London 51 Menschen ums Leben kamen, weil ein Vergnügungsdampfer mit einem Baggerschiff kollidierte, musste ich über die letzten Tage mit Dir den minutiösen Fragen der Polizei antworten. Und das Unfassbare zu begreifen beginnen ...

Als Schatzsucher einen Goldschatz im Wert von rund 2 Milliarden DM an Bord eines 1857 gesunkenen Schiffes vor der Küste South Carolina entdeckten, stand ich nachts das letzte Mal vor dem Haus, in dem Du gewohnt hattest. Und in das Du nie mehr zurückgekommen bist. Ich war da, aber Du bist nicht gekommen, nie wieder ...

Dünnhäutig

In den vergangenen Jahren habe er keines seiner Konzerte versäumt. Mittlerweile aber trete er immer enttäuschter die Heimfahrt an. Er teile nun mal die Meinung seiner Bodyguards nicht, die ihm schon seit Jahr und Tag gebetsmühlenartig zu erklären versuchen, dass auch er – Fan hin oder her – keine Sonderrechte habe. Auch nicht auf ein kumpelhaftes Schulterklopfen, wo käme man dahin. Auch würde man ihn, hinter vorgehaltener Hand, im Bekanntenkreis schon als ein Sensibelchen belächeln, das wie ein verliebter Teeny seinem Idol hinterher hechle. Aber damit sei jetzt Schluss. Jetzt verfolge er eine gänzlich andere Strategie. Eine, mit der er zwei Fliegen mit einer Klappe schlage, derart, dass seine Begeisterung ab sofort und zu hundert Prozent nur noch seinen Fans gehöre – vornehmlich ab dem Moment, wenn die ersten Zugabe-Rufe laut werden. Das sei dann die Stunde seiner Rache, indem er seine Kamera nur noch auf das johlende, Zugabe rufendes Publikum richte, auf nix sonst. Und das, das wisse er, werde dann sehr wohl von seinem Idol auf der Bühne registriert, so etwas spüre er.

Ja, es stimmt. Auch die Heimfahrt mache ihm seither wieder richtig Spaß.

Diamantherz

Auf einem Parkplatz fiel mir an einem Auto ein Kennzeichen auf, das einmal zu einem weißen Ford Escort gehört hatte, der vor langer Zeit auf einem proppenvollen Parkplatz vor einer Mehrzweckhalle stand, nachts im Regen ...

Es hat mich vom ersten Augenblick an fasziniert, wie selbstverständlich sie sich in dieser *Humba-Humba-Tätärä*-Stimmung bewegte, ihren Körper würdevoll, ohne aus dem Takt zu geraten, in eine schlangenähnliche Haltung bringen konnte, die dieses banale Gehopse ad absurdum führte. Es war mir völlig rätselhaft: Eine Exotin hier und ohne Begleitung?

Bei einer der nächsten Tanzrunden schlängelte sie sich in Richtung Bar, die in einer der Gerätegaragen eingerichtet worden war.

Als ich sie wiederfand, sog sie an einem Trinkhalm eine rote Flüssigkeit in ihren Silbermund. Noch nie zuvor hatte ich auf einen Trinkhalm gestarrt, auf das faszinierende Spiel zwischen Mund, Kinn und Kehlkopf.

»Süß«, sagte sie auf einmal, als ich mich immer ein Stückchen näher neben sie gedrängt hatte.

»Ich denken, es dir auch schmecken«, sagte sie.

Ich lud sie auf einen Zweiten ein. Und dann schlürften wir, gemeinsam mit zwei Röhrchen, das rote Süße.

»Ich nicht mehr allein jetzt, die nicht passt hier«, lächelte sie.

»Ja, du nicht mehr allein jetzt, die nicht passt hier«, sagte ich. Dann lachten wir beide und über ihrem schönen Silbermund glänzte ein Flaum feiner Härchen.

Als ich dem Barkeeper signalisierte, uns nochmal so einen süßen Erdbeertonic-Cocktail zu mixen, änderte sich ihre Haltung. Ich spürte, dass sie sich nicht mehr wohl fühlte.

»Müde?«, fragte ich und legte, zum besseren Verständnis, meine Wange in meine Hände. Zuerst sah sie mich an, dann schloss sie für einen Moment ihre schwarzen Augen und sagte: »Du entschuldigen müssen, ich ganze Abend zu dir kühl. Letzte Tage ziemlich hart, ich sehr müde.«

Wir verließen die Halle, und sie griff nach meiner Hand. Wir rannten im Regen durch die Autoreihen zu einem weißen Ford Escort.

»Auto von Pitā«, kam über ihre Lippen, mit letztem Atem und großen Augen.

Ich hörte an diesem Abend, in einem weißen Ford Escort, zum ersten Mal das Wort »Diamantbestattung.« Sie erzählte mir, dass sie die Asche ihres Vaters nach Hause holen wolle, um aus ihr einen Diamanten pressen zu lassen. Ein winziges Diamantherz von Pitā ...

Als wir uns trennten und sie losfuhr, war das Letzte, was ich sah, das Nummernschild an dem weißen Ford Escort.

Ich wusste, dass ich sie nie wiedersehen würde. Aber eine lange Zeit noch hoffte ich es.

Für meinen Vater

Damals

Damals feierte man das 25-jährige Gründungsjubiläum der Ausbildungsstätte mit einem Tag der offenen Tür. An dem die Auszubildenden die Gelegenheit bekamen, ihre Arbeiten in ein schönes Licht rücken durften – und ich mir über dein Verhalten keinen Reim machen konnte.

Damals wusste ich von nichts – als ich mit anderen zusammen zwischen den Maschinen auf unseren Drehhockern saß, keine zehn Meter von dem entfernt, der mit ein paar Begrüßungsworten Eltern und Gäste willkommen hieß – und ich nur dein kreideweißes Gesicht sah. Und mir keinen Reim darauf machen konnte. Und ich mich mit dem Gedanken zu beruhigen versuchte, dass es bestimmt wieder der Magen sei, der dir Probleme macht.

Damals wusste ich von nichts – erahnte ich die wahren Gründe nicht, an diesem Tag der offenen Tür, an dem ich mich deinetwegen schämte, denn du warst nicht wie die Väter der anderen, die sich miteinander unterhielten, Fragen hatten und so ganz selbstverständlich Interesse zeigten.

Damals, was ging da in dir vor, als du wieder diesem Menschen sehen musstest, der jetzt mit wohlwollenden Worten den Eltern die Abläufe der Ausbildungsschwerpunkte erklärte. Und niemand im Raum davon etwas erahnte, was es für dich bedeutete, an diesem Tag der offenen Tür, jenem SS-Schergen zuhören zu müssen, der den Eltern und den Gästen mit freundlichen Worten die Abläufe der Ausbildungsschwerpunkte erörterte, und ich nur wütend auf dich war, deines kreideweißen Gesichtes wegen.

Damals wusste ich das alles nicht. Ich, das Kind eines Vaters, der von einem SS-Schergen misshandelt worden war und dessen Aufgabe es jetzt war, an dem Ort zu sein, an dem seinem Sohn die Weichen gestellt wurden fürs Leben. Damals wusste ich von all dem nichts. Du bliebst der Wortkarge, ein Grund vielleicht dafür, dass du so ein begeisterter Schachspieler geworden bist, geschätzt in der ganzen Nachbarschaft.

Aber damals interessierte mich das alles nicht. Und auch nicht der Vorfall (bei dem es nicht geblieben ist), als eben jener Ausbildungsleiter meinem Freund aus nichtigem Anlass, wie ich fand (er grinste), völlig unerwartet mit dem Handrücken ins Gesicht geschlagen hat, von cholerischen Ausbrüchen begleitet – weil er es gewagt hatte, zu widersprechen. Später aber lachten wir darüber, mein Freund und ich; uns war klar: einmal Arschloch – immer Arschloch. Und außerdem geisterte uns schon seit Wochen unendlich Schöneres durch den Kopf!

Der mit dem Wolf tanzt

Man konnte die Uhr nach ihm stellen: Punkt neun tauchte er barfüßig im Schlafanzug auf seinem Balkon auf. Dann wieder dasselbe Ritual: Der wackelige Versuch auf Zehen stehend, sich recken und strecken, die Arme kreisen lassen, tief ein- und ausatmen, solange bis nix mehr ging um dann, wie zur Belohnung übers Geländer gelehnt, eine Zigarette zu paffen und nebenbei, als Zugabe sozusagen, seine ganze Aufmerksamkeit dem Trottoir zu schenken, um danach wieder gestärkt, mit einer gehörigen Portion wackeliger Kniebeugen, die einem allein schon vom Zugucken schwindlig machten, das Finale einzuläuten. Aber warum mir, angesichts dieses amüsanten Rituals der Kinofilm »Der mit dem Wolf tanzt« in den Sinn gekommen war, weiß der Teufel.

Als ich mich wieder an den »Der mit dem Wolf tanzt« erinnerte, ich Punkt neun seinen Balkon ins Visier nahm, hatte von mir unbemerkt eine Veränderung stattgefunden; auf seinem Balkon stand eine Wäschespinne, behangen mit Wäsche, die aber nie und nimmer seine Wäsche sein konnte. Eine Zeit später sah ich eine junge Frau und einen jungen Mann auf seinem Balkon, die an etwas werkelten, an was aber konnte ich nicht ausmachen, denn auch das schäbige Eisengeländer des Balkons hatte eine sommerbunte Frische, in Form eines sommerbunten Stoffbehangs bekommen, der dem Ganzen eine neue Lebendigkeit verlieh.

Noch lange spähte ich immer mal wieder hinüber zu dem, der mit dem Wolf tanzt, aber gesehen habe ich ihn nie wieder.

Einkaufsbummel

Bei einem Einkaufsbummel in einer Stadt kommen sie an einem Fotogeschäft vorbei. In einem der Fenster werden »Gebrauchte« angeboten, auch diese analoge Luxuskamera, die er sich nie leisten konnte. Die, solange er denken kann, seine Traumkamera geblieben ist, diese Schönheit, an der alle Zeit abrutscht.

Er schaut seine Frau an, deren Blicke, irgendwo, von einem Punkt zum nächsten fliegen.

Du solltest jetzt ganz schnell da reingehn, wenn du deinem Traum wieder ganz nah sein möchtest. Aber ich werd' da vorne in der Sonne einen Kaffee trinken. Er sagt nichts, was sollte er auch sagen, gereizt wie sie ist. Er nickt ihr ein Dann-bis-nachher-Lächeln zu und geht in das Geschäft.

Sie setzt sich in der Sonne an ein Tischchen, bestellt Cappuccino und zwei Kugeln Amaretto-Eis. Und erkennt, ein paar Tischchen weiter, einen Mann, der mit einem anderen Mann zusammensitzt und der einmal über alles in der Welt in sie verliebt war. Er erkennt sie nicht wieder, auch nicht, als sie ihre Sonnenbrille abnimmt und dem Mann, der einmal über alles in der Welt in sie verliebt war, ins Gesicht blickt, so, als hätte es das Über-alles-in-der-Welt-in-sie-verliebt-Sein, nie gegeben.

Einfall

Ein spontaner Einfall sei es gewesen, nach mehr als zwanzig Jahren einen Uraltfreund anzurufen. Beim Aussortieren seines Telefonregisters sei ihm unerwartet das Kärtchen des Uraltfreundes in die Hände gekommen. Und spontan hatte er dann die Nummer gewählt. Die Überraschung sei aber anders als erwartet ausgefallen. Eine fremde Frauenstimme habe sich gemeldet. Auf die Frage nach seinem Uraltfreund habe ein seltsames Rascheln an seinem Ohr eingesetzt. Nach einigen Sekunden habe sich die fremde Frauenstimme mit einem »Hallo?« wieder gemeldet und ihm mitgeteilt, dass sein Uraltfreund zurzeit täglich bei einem guten Freund mit Reparaturarbeiten beschäftigt sei. Sie werde aber gerne Grüße ausrichten. Ein paar Tage später habe er auch das Telefonkärtchen seines Uraltfreundes aussortiert.

Ebenbild

Es war einer dieser Momente, die man nicht oder nur ungenügend beschreiben kann.

Er hätte weggehen können, aber er lächelte, als das Mädchen ihm zunickte und er sich an ihren Tisch setzte. Und wieder an sie dachte. Und das Lächeln des Mädchens war, als wäre es ihr Lächeln. Und das lange Haar des Mädchens war, als wäre es ihr langes Haar.

Er war überrascht, als das Mädchen sagte, sie habe ihn hier schon gesehen. Und die Stimme des Mädchens war, als wäre es ihre Stimme.

»Welcher Religion gehören Sie an?«, fragte er das Mädchen. Und das Mädchen antwortete: »Der einer Minderheit in meinem Land.«

»Kommen Sie aus Neu-Delhi?«, fragte er das Mädchen.

»Aus Delhi«, sagte das Mädchen.

Er beugte sich zu ihr und roch die Süße im Haar des Mädchens. Und es war, als wäre es das Süße in ihrem Haar. Und er sah das erstaunte Leuchten in den Augen des Mädchens. Und es war, als wäre es das erstaunte Leuchten in ihren Augen.

Sie sahen sich an, taten nichts als sich anzusehen.

»Sie könnten ihre Zwillingsschwester sein«, sagte er zu dem Mädchen. Und er sagte es auf Hindi, in der Muttersprache des Mädchens, das auch ihre Muttersprache gewesen war.

»Sie haben ihr Gesicht«, sagte er zu dem Mädchen. Und das Mädchen sah ihn mit großen Augen an. Und es war, als wären es ihre großen Augen.

Er griff nach der Hand des Mädchens.

»Verzeihen Sie«, sagte er und das Mädchen lächelte. Und es war, als wäre es ihr Lächeln.

»Wir töteten Zebus«, sagte er in der Muttersprache des Mädchens. Wir waren eine Handvoll Männer, die dazu bereit waren, einige aus dem Heer der Dahinvegetierenden zu schlachten. Wir zerrten sie von den Laderampen der Laster. Denen, die stehend am Boden ankamen, brachen wir die Vorderbeine. Mit einem Rohr zertrümmerten wir ihnen die Kniegelenke. Sie brüllten. Aber manchmal waren sie auch stumm in ihrer Todesangst. Dann war es noch grausamer ...

Die Hand des Mädchens zitterte in seiner Hand. Und es war, als wäre es das Zittern ihrer Hand.

»Sie lagen im Staub«, sagte er zu dem Mädchen. »Zur Seite gekippt, am ganzen Körper zuckend. Wir knieten uns auf sie. Einer packte ihr Horn. Ein anderer begann ihnen mit dem Messer den Hals aufzuschneiden. Es war eine schlimme Arbeit, doch nicht schlimmer als manche andere. Unsere Gesichter und unsere nackten Oberkörper waren schweißnass und blutverklebt. Und auch die Erde roch nach Blut und nach Schweiß. Und auch die Blätter an den Sträuchern und Bäumen, die den Platz umsäumten, rochen nach Blut und Schweiß.

Der Schlachtplatz lag fern der Dörfer. Der Wind trug den Blut- und Schweißgeruch nicht in die Häuser. Wir hatten den Platz gut gewählt. Es kam nie zu Zwischenfällen. Wir verstanden uns aufs Töten. Wir töteten für die Ärmsten. Aber auch Leute aus der Stadt kamen. Leute, die das Töten streng ablehnten. Die mit Gewalt dagegen vorgingen. Aber sie aßen das Fleisch. Sie aßen das Fleisch ihrer Mutter. Und sie zahlten uns gut. Und dieselben Männer, die gegen das Töten waren und die heimlich das Fleisch ihrer Mutter aßen, haben auch sie getötet. Weil sie sich mit einem eingelassen hatte, der Kühe tötet. Das Leben einer Kuh galt mehr als ihr Leben. Ich war Ausländer. Ich überlebte. Die Polizei befürchtete »Unannehmlichkeiten.«

Das Mädchen weinte still. Und ihre Hand lag in seiner Hand.

»Du bist ihr Ebenbild«, sagte er zu dem Mädchen. Und in Gedanken küsste er den Mund des Mädchens, denn es war ihr Mund, den er küsste. Und in Gedanken küsste er ihre Augen und ihre Stirn und ihr Herz, denn es waren ihre Augen und ihre Stirn und ihr Herz, das er küsste.

Erinnern

Und dann steht er noch lange am Fenster, auf eine Straße blickend. Auf das dünne Grün dünner Bäumchen. Die im Wind ihre Ästchen neigen. An einem Fenster stehend. In einem Zimmer, das ihn von nun an für immer an etwas erinnern wird, gleich einem Kind, das sich für immer und ewig an das erinnert, was einmal das Wertvollste gewesen war, was es besessen hat.

Ende

Wie hatte er sich seinen letzten Atemzug herbeigesehnt. In wie vielen Nächten.

Als es dann passierte, sie die Maschinen abgeschaltet, das Bett mit dem Toten hinausgeschoben haben und nur noch Stille geherrscht hatte, war ihm diese Stille durch Mark und Bein gefahren. In den folgenden Nächten hatte er oft an den Garten mit dem Baum gedacht, an dem er eine Schaukel für seine Enkelkinder angebracht hatte. Die, wenn sie ihn mit der Mutter besuchen gekommen waren, immer von ihm wissen wollten, wann er sie denn wieder bis in den Himmel hineinfliegen lassen würde. Die mit ihren Fäustchen dann gegen seine Matratze geboxt hatten, weil er ihnen keine Antwort gegeben hatte.

Ereignis

In einem Haus in einer Stadt legt sich ein Mann zu einem Mädchen ins Bett. Mit der Zeit immer öfter. Irgendwann hat dann eine Zeitung darüber berichtet.

In einem anderen Haus in der gleichen Stadt legt sich eine Frau zu einem Jungen ins Bett. Ob nur einmal, oder mit der Zeit immer öfters, ist nicht bekannt.

Enttäuscht

Sie sei wieder mal zutiefst enttäuscht worden. Jetzt habe sie sich geschworen, vorerst keine Metamorphose mehr einzugehen. Ihr Leben zu genießen, frei nach dem Motto: Viele Himmel ohne Pimmel. Der Spott tue ihr gut. Alle würden süffisant lächeln darüber. Auch sei es doch allemal um ein vieles schöner, sich eine ganz große Enttäuschung mit vielen kleinen zu versüßen. An einer Handvoll kleinen Bonbons lutsche man doch auch länger, als nur an einem großen. Das wisse doch jedes Kind.

Einmal

Einmal habe er gelesen, dass die Insekten die Menschheit überleben können. Traurig und schön zugleich sei das gewesen, wie da der Mond am Himmel verloschen sei und die Sonne zur Mittagszeit nur noch matt kirschrot geleuchtet habe. Und alle Meere zugefroren und die Eiskappen von beiden Polen bis zum Äquator vorgeschoben seien. Alle Städte schon längst ausgestorben und zu Staub zerfallen und alles Leben dieser Erde kurz vor der völligen Ausrottung gestanden habe, und nur noch auf einem kümmerlichen Rest einer Flechte, die sich auf einem kahlen Fels inmitten des ewigen Schnee von Panama gehalten habe, habe ein kleines Insekt gesessen, das sich in der schwindenden Glut der abgenutzten Sonne seine Fühler geputzt habe. Ein einsamer Käfer, der letzte Überlebende überhaupt auf unserer Erde. Man stelle sich das nur mal vor ...

Etwas

Das nie Endende? Das Ewige? Das sei halt was, dass er als *Das Etwas* bezeichne. Was ihn aber an dem, was er als *Das Etwas* bezeichne, saumäßig wurme, dass er seit einer halben Ewigkeit diesem *Etwas* noch nicht auf die Schliche gekommen sei. Da tröste ihn auch die Tatsache nicht wirklich, dass alle Astrophysiker zusammengenommen seit einer halben Ewigkeit noch weniger über die Dunkle Energie wüssten.

Fußgängerampel

An einer Fußgängerampel stehen sich ein Mensch auf der einen und ein Mensch auf der anderen Straßenseite wartend gegenüber, als der eine Mensch auf der einen und der andere Mensch auf der anderen Seite plötzlich auf die Straße treten, es in der Straßenmitte zwischen dem einen Menschen und dem anderen Menschen zu einem Beinah-Ereignis gekommen wäre – aber wie beschreiben – das, für das es keine Worte gibt ...

Freude

Eine Zufluchtsgrotte sei sie gewesen. Ein Nest der Glücksseligkeit vom Scheitel bis zur Sohle. Und dann? Buchstäblich über Nacht, Schluss, Aus, Ende! Nicht daran denken dürfe er. Eine wie sie könne es nie mehr geben. Aber klar, das wisse man ja, irgendwie müsse das Leben dann doch weitergehen. Und dabei unterstütze ihn jetzt eine große Portion Extrafreude, seit er vor Tagen zum ersten Mal wieder vor seiner geliebten Eckkneipe gestanden habe. Genauer gesagt, vor dem, was man aus ihr gemacht hatte. Durch ein großes Fenster habe er ins Innere gespickt. Dort einen sauertöpfisch dreinblickenden Kellner gesehen, der kunstvoll drapierte Servietten auf schneeweiße Tischdecken gestellt habe. Es habe dort so Nobel ausgesehen, dass nur die gähnende Leere an den vornehm gedeckten Tischen gesessen habe. Eine Freude – und was für eine, sei da aufgekommen.

Meinem Vater

Für immer

Er stützt ihn beim Hinabgehen der Stufen. Die wenigen Schritte bis zum Auto kann er wieder ohne Hilfe gehen. Zwei kleinere Taschen, die eine gefüllt mit Wäsche und Badutensilien, die andere mit einem Kassettenradio, einigen Zeitschriften und etwas Süßem, stehen noch an der Haustür. Neben der Frau. Die ihnen nachschaut. Die ihre Hände, zu Fäusten geballt, an sich presst. Und ihnen mit glasigen Augen nachschaut. Dem Mann, der jetzt am Auto steht. Der gleich einsteigen wird. Um wegzufahren von 57 Jahren Gemeinsamkeit. An einem Dienstag. An einem 12. Juli. Um 11 Uhr vormittags wegzufahren. Für immer. Weil sie es so entschieden hat. Wegen der Belastung. Sie, die jetzt mit zu Fäusten geballten Händen zum Auto starrt. Auf sein ungelenkes Zuwinken. Auf den Sohn, der jetzt die Taschen auf den Rücksitz schiebt. Dem Vater beim Einsteigen behilflich ist. Die Türen schließt. Um wegzufahren von 57 Jahren Gemeinsamkeit. Jetzt gleich und für immer.

Sollen wir noch zusammen einen Kaffee trinken ...
Dass Du mal keinen Kaffee magst ...
Das Radio stell ich da ans Fenster, ja ...
Schau mal, was für ein wunderschöner Ausblick ...
Die Badeutensilien, die stell ich Dir da hin ...
Hast' vorhin auch den schönen Speisesaal gesehn ...
Der macht was her, gell ...
Komm, den Sessel schieben wir noch näher ans Fenster ...
So, jetzt ist doch alles gut, Papa ...

Freundin

Ich habe die Zeit zur Freundin. Sie hat an mir nichts auszusetzen. Ich bin ihr liebster Zeitvertreib. Sie lächelt, wenn ich sage, dass so viele für sie keine Zeit hätten. Dass die, die das sagen, nicht wissen, was sie da sagen. Sie nehmen sich nicht die Zeit, sich mit ihr zu beschäftigen.

Ich habe die Zeit zur Freundin. Ich hab an ihr nichts auszusetzen. Ich verlange nichts von ihr. Ich werfe sie nicht aus ihrer Bahn. Ich lasse sie sein, wie sie sein möchte. Ich nörgle nicht. Ich verbringe alle meine Zeit mit ihr.

Manchmal verstecke ich mich. Dann wird das Wiedersehen zu einem großen Erlebnis. Und das Geringste zum Wertvollsten.

Wir haben uns zum besten Freund. Wir haben nichts auszusetzen aneinander. Wir können sein, wie wir sein wollen. Wir sind immer kompatibel. Wir haben vor nichts Bammel. Wir kennen keinen falschen Ort und keine falsche Zeit. Wir verlieren nicht unsere Balance. Und schieben uns nicht den Schwarzen Peter zu. Wir bleiben ungeschminkt. Und packen, wann immer wir wollen, unsere Taschen. Wir sind wie Drachen ohne Schnüre. Wir können uns immer aufeinander verlassen. Wir kennen kein Limit. Und wir haben nicht vor, uns zu ändern.

Für Birgit, Zugfahrt nach Hamburg

Früher Vogel

Wie viel Zeit ist schon vergangen seit dieser kurzen Stunde, in der wir uns gegenübersaßen!

Vielleicht hast du sie ja längst schon vergessen, es längst aufgegeben, dich an diese Stunde noch erinnern zu wollen, in der wir uns während einer Zugfahrt gegenübersaßen, die dich nach Lüneburg und mich nach Hamburg führte, wo ich in einem großen Hamburger Unternehmen einen Termin hatte, auf den ich mich, nach meiner Ankunft, noch stundenlang hätte gedulden müssen, hättest du nicht, nachdem ich dir den Grund meiner Reise nannte, auf spaßige Weise mit dem Spruch *Nur der frühe Vogel fängt den Wurm*, meinem Selbstvertrauen auf die Sprünge geholfen, so dass ich mich sofort nach der Ankunft in Hamburg in ein Taxi setzte und schon nach 25 Minuten Fahrt – zwei Stunden zu früh – in einem Sekretariat einer mich musternden Sekretärin gegenüber stand, der ich mein Einladungsschreiben reichte – und wieder an den frühen Vogel dachte. Und die Sekretärin bat, mit einem gequälten Lächeln, um Geduld – ein paar Minuten!

Nach einem mehrstündigen Gespräch wurde mir eine Stelle als Trainer-Assistentin in Aussicht gestellt, mit der Aufforderung, mich innerhalb von acht Tagen zu entscheiden. Und ich dachte wieder an den frühen Vogel. Ich verbrachte noch eine Nacht in einem Hamburger Hotel. Dachte immer nur an den frühen Vogel. Und nur hin und wieder an den eigentlichen Grund meiner Reise.

Aber dann auf der Rückfahrt, als der Zug wieder die Strecke passierte, an der wir uns gegenübersaßen, dachte ich stärker denn je an den frühen Vogel, an nichts sonst!

Zuhause rückte meine feste Beziehung wieder in den Mittelpunkt meines Alltags. Gleich am ersten Arbeitstag nach meinem Kurzurlaub bestand ich auf einen Gesprächstermin mit meinem Vorgesetzten – mit dem Ergebnis, dass das, was scheinbar monatelang nicht möglich gewesen war, jetzt innerhalb eines Tages möglich gemacht wurde: Ich bekam die Zusage auf eine Festanstellung und obendrein das von mir genannte Gehalt.

Noch am gleichen Tag habe ich in Hamburg abgesagt. Und mich für meine hiesige Anstellung und für meine, damals noch siebzehn Kilometer entfernte Liebe entschieden – von der ich noch nicht ahnen konnte, wie hart sie mich enttäuschen würde.

Jetzt habe ich an einen frühen Vogel diesen Brief geschrieben – den ich nie abschicken werde. Weil ich weiß, dass es zu spät ist, längst zu spät ist, für den einen und für den anderen frühen Vogel – es längst zu spät ist ...

Aber in meinem Kalender umrahme ich noch immer mit einem roten Herzchen den Tag, an dem ich einmal bei einer Zugfahrt einem frühen Vogel gegenübersaß – eine ganze kurze Stunde lang.

Festlichkeit

Bei so einem festlichen Anlass sei es eben üblich, hinterher zum Kaffee den Herrn Pfarrer einzuladen. Das wisse auch der Herr Pfarrer. Aber nun zu mutmaßen, die üppige Tortenparade samt der noch im Kühlschrank stehenden Reserve sei nur der Anwesenheit des Herrn Pfarrers zu verdanken, müsse man schon ins Reich der Märchen verbannen. Ein willkommener Small Talk aber sei der Kalorienzauber allemal gewesen. Vielleicht habe der auch den Herrn Pfarrer davon abgehalten, sich noch eine vierte Sahnebombe einzuverleiben. Wie auch immer, der Verzicht des Herrn Pfarrers auf eine vierte Kalorienbombe sei dann für alle das Signal gewesen, das Thema Kalorien endgültig zu beenden. Was wiederum, zur mäßigen Freude des Herrn Pfarrers, eine ihm gegenübersitzende Frau zu der Frage, »Priestermangel – warum?«, animiert habe. Es sei dann, als der Herr Pfarrer nach Antworten gesucht habe, zur Freude aller der absolute Knaller gewesen, als ein 10-Jähriger euphorisch gerufen habe, dass er es schon wisse, warum es keine Pfarrer mehr gäbe. Weil, die müssten doch immer so gut singen können.

Flüchtig

Noch während sie warten, treffen ihre Blicke sich.

Bei der Überfahrt kommen sie ins Gespräch. Als er bemerkt, dass sie fröstelt, lässt sie es zu, dass er seine Jacke über ihre Schulter legt.

Später sitzen sie in der Nähe des kleinen Hafens, im Halbschatten einer Palme, an einem schiefen Tischchen bei einem Eis.

Als er sie wieder danach fragt, sagt sie nur, dass sie zu den Heiligen Bergen reist.

Er lächelt, als sie ihre Kamera auf ihn richtet. Wer weiß schon, sagt sie, wann wir uns wiedersehen.

An der Bushaltestelle reicht er ihr ein Kärtchen. Damit du ihn nicht schon gleich wieder vergisst, den auf den Fotos.

Als er einmal in einem Schuhkarton, in dem er noch immer alte Post aufbewahrte, in einem Briefkuvert, auf dem mit roter Tinte eine längst ungültige Adresse geschrieben steht, einen gefalteten Zettel entdeckte mit den Worten: *Und denkst Du noch an mich ...?*, dachte er lange nach, war sich aber nicht sicher.

Geschockter

Seit gestern 16 Uhr sei seine wohlige Zufriedenheit ins Wanken geraten. Er habe im Wartezimmer seines Hausarztes einen epidemiologischen Artikel gelesen. Und nun wisse er, dass es zu jeder Zeit mit ihm zu Ende sein könne. Dass er, laut der Studie, ganz und gar nicht zu den Menschen mit einer höheren Lebenserwartung gehöre. Er habe schon beim Anblick des Wortes *Lebenserwartung* Magenkrämpfe bekommen. Ihm gehe es jetzt nur noch um eines: das bisschen Leben, das ihm laut dieser Studie noch bleibe, radikal zu genießen. Es käme jetzt auf die kleinste Kleinigkeit, auf jede Minute an. Es bringe nix, Askese und Zurückhaltung zu üben. Er könne dem biologischen Vorsprung des anderen Geschlechts nur höchste Aktivität entgegensetzen. Er müsse sich jede Minute darüber im Klaren sein, dass nun mal das andere Geschlecht, ob fettleibig oder nicht, mit oder ohne Libido, die besseren Trümpfe im Ärmel habe. Dass Maßhalten ein nie wiedergutzumachendes Versäumnis sei. Es müsse ab sofort sein erklärtes Ziel sein, Grenzen zu überschreiten. Vor nix zurückzuschrecken. Je eher, desto besser. Auf jede Minute komme es an. Als Erstes habe er beschlossen, seine kaputte Armbanduhr gegen eine schicke neue zu tauschen. Gleich morgen.

Glücksfall

Jetzt hat sie ihn gefunden. Das Schicksal hat ihn hergezaubert. Und der Verlust ihres Beines. Jetzt hat sie ihn gefunden. Ihren Prinzen. Ihren wahrhaftigen Traumprinzen. Der sie nie wieder verlässt. Der jetzt für immer in ihrem Herzen thront – das keinen Ausgang hat.

Gemunkel

Nein, er sei nicht darüber erstaunt, dass im Haus gemunkelt wird, der von links unten gehe in diese Videokabinen. Er sei aber auch nicht darüber erstaunt, dass im Haus nicht gemunkelt wird, dass der von links unten einer von Tausend sei, der die Trompete so gut blasen könne, wie der Maurice André.

Gedanke

Ja, es stimme,
daran denke er oft,
wie es wohl sein werde,
wenn eines Tages einmal das Einmal käme
und er dann endlich wisse, wie das Einmal einmal sei.

Gelächter

Er habe einfach nicht diesen Humor, das würden alle sagen.
　Jeder am Stammtisch könne einen Witz nach dem anderen vom Stapel lassen. Nur er nicht. Ihm gelänge es gerade mal nach der dritten oder vierten Runde mit einem höflichen Grinsen belohnt zu werden. So sei das jedenfalls bislang gewesen. Letzte Woche aber habe er den Vogel abgeschossen. Nach Zapfenstreich. Auf dem Parkplatz. Filmreif sei das gewesen, als er, ganz in Manier eines Stuntmans, auf einer Eisplatte im hohen Bogen aufs Kreuz geknallt sei. Da hätten dann alle gelacht.

Georg

Georg hatte apokalyptische Fantasien. Die schrieb er in ein Heft. Zuletzt schrieb er: Wenn er jetzt wollte, wäre die Sache gelaufen. Es bräuchte dafür keine Gründe. Und niemand könnte sich aus dem Staub machen. Und niemand könnte es verhindern. Und niemand etwas dagegen unternehmen. Jetzt nicht und nicht in Zukunft. Es würde einfach geschehen. Einfach so. Aus heiterem Himmel. Und vielleicht bei Vollmond. Wie viel Zeit würde bleiben, wenn es geschieht? Eine Stunde? Nur Minuten? Es würde keine Rolle spielen. Sie würden es nicht verhindern können. Um all ihre gebunkerten Billionen nicht. Und nicht mit dem schönsten Arsch. Vielleicht könnte ein Steinbeißer mit seinem Steingesicht und seinen Steinlippen und seinen Steinaugen erzählen, wie es ist im Nichts. Aber das sind Fantasien. Nichts für die Mächtigen, die jetzt auf einmal so ohnmächtig sind. Die sich nur noch in ihrer Ohnmacht verkriechen wollen. In ihrer Hilflosigkeit. Die in ihren letzten Minuten wie belämmert hinter ihren Goldbergen hocken. Naja, eben dumm gelaufen für die immer-alles-im-Griff-habenden großen Arschlöcher. Hurra, der letzte Smoking hat halt keine Taschen! Ist nicht mehr als vollgepisstes Warmes. Aber mit etwas Glück, bums – alles vorbei! Na dann byebye beautiful world! Der letzte Smoking ... Immerhin aber Warmes. Jetzt lass dich schon fallen – Mond!

In Georgs DVD-Player fand man den Kinofilm »Birdy.« Als Georg an einer Dachkante zum Flug ansetzte, hatte sich knapp unter ihm kein zweites Flachdach befunden, das ihn hätte abfangen können.

Geständnis

Was für ein Augen-Glück!

Soeben einen über den Horizont sich ergießenden Feuerball erlebt – zweitausend Kilometer weg von Dir ...

Aber stelle es Dir nur mal vor, Du könntest dieses Glück noch einmal erleben ...

Du ganz allein ...

Nach wie viel Jahren ...

Nach wie viel Tagen ...

Nach wie viel unendlichen Stunden ...

Und zweitausend Kilometer Leere ...

Du wieder ganz allein – dieses Glück ...

Das dir all Sehnsucht zu stillen vermag ...

In jedem, jedem, jedem Augenblick ...

Weil wir nie, nie wieder hart sein müssten ...

Nie, nie wieder hart sein gegen uns ...

Einer Frau, der sollte es doch noch einmal gelingen dürfen – nach all den Stunden! Nach all den Tagen! Nach all den Jahren! Und zweitausend Kilometer Leere, noch einmal gelingen – Unsägliches ...

Glück

Und ich habe immer auf Dich gewartet. Aber Du bist nie mehr zu mir zurückgekommen.

Ich kenne keine Zeit, in der ich nicht auf Dich gewartet habe. Das Warten auf Dich ist längst zu meinem Schicksal geworden. Und zu Momenten unsäglicher Freude – bei dem Gedanken, dass Du ja doch noch zu mir zurückkommen würdest. Ich kenne doch kein anderes Glück, als das Glück mit Dir. Und keine andere Zeit, als die Zeit mit Dir. Und ich warte immer auf Dich. Und werde immer auf Dich warten. Ich kenne doch keine andere Zeit und kein anderes Glück, als die Zeit und das Glück mit Dir ...

Gewitterregen

Als sie sich wieder aus seiner Umarmung befreien kann, ist es der plötzlich niederprasselnde Gewitterregen, der mit der Wucht schlagender Fäuste gegen das Fenster trommelt, der es ihr ermöglicht, ihren nach Schweiß und Sperma riechenden Körper zu ertragen.

Horror

Heute sei ihm was Ungeheuerliches passiert. Er sei ohne sein Handy aus dem Haus gegangen. Und habe das, zu seinem Entsetzen, erst eine gute Stunde später, wieder zu Hause, bemerkt. Groß und breit habe es auf dem Esstisch neben der Tageszeitung gelegen. Die Vorstellung, es nicht nur die ganze Zeit über zu Hause liegengelassen, sondern längst verloren zu haben – Horror pur.

Halbe Ewigkeit

Etwas Seltsames sei das schon, das mit der halben Ewigkeit. Dass er sich, dieser halben Ewigkeit wegen, an etwas mit dem Gefühl erinnert habe, als sei es von Bedeutung. Vor ein paar Tagen sei es gewesen. Als er in einen Biergarten gegangen sei, den er seit Jahrzehnten nicht mehr besucht habe. Hinterher dann die Toilette in der angrenzenden Stadthalle aufgesucht. Und sich auf einen Schlag an einen Kinderfaschingsnachmittag erinnert. An einen kleinen Indianerhäuptling, der verzweifelt versucht hatte, die Klotür aufzuziehen. Sie es dann, mit vereinten Kräften und in letzter Minute geschafft hatten, dem kleinen Indianerhäuptling für den Rest des Tages das Gesicht zu wahren. Ja, es sei schon was sehr Seltsames, das mit der halben Ewigkeit …

Hardliner

Solle ihm doch keiner was erzählen. Der alltägliche Wahnsinn nehme doch zu. Und was tue man dagegen? Nix tue man dagegen. Sich umdrehen und wegschauen tue man. Süßsauer grinsen tue man. Und schön brav das Maul halten. Solle ihm doch keiner was erzählen. Aber er habe sich jetzt vorgenommen, nicht länger wegzuschauen, wo er wegschaut. Nicht länger süßsauer zu grinsen, wo er süßsauer grinst. Und auch nicht länger zu schweigen, wo er schweigt. Und schon gar nicht mehr länger zu zögern, sich das jetzt vorzunehmen.

Für Rösli Heiniger

Heimweg

Auf dem Heimweg von einem Saunabesuch wurde sie vergewaltigt. Zwei Männer zerrten sie in ein Auto. Als sie aufschrie, schob ihr einer eine Pistole in den Mund und drohte, wenn sie noch einen Mucks von sich geben würde, sei sie tot.

Während der Fahrt saß der mit der Pistole neben ihr auf dem Rücksitz, die Waffe zwischen ihre Schenkel gezwängt. In ihrem starren Blick hatte sie den schweißnassen Nacken von dem, der am Steuer saß.

Wie lange die Fahrt dauerte, nahm sie nicht wahr. Aber als der Wagen abbremste, sie aus dem Auto gezogen wurde, ein Faustschlag ihren Körper auf einen harten Boden beförderte, verlor im selben Augenblick, im Augenblick des Aufschlagens, das Grauen sein Gesicht ...

Auch nach dem Krankenhausaufenthalt konnte die Polizei ihr nichts Konkretes über die Täter berichten. Und sie nur Bruchstückhaftes über die Männer. In ihrer Erinnerung waren die Angreifer gesichtslose Schemen. Der Fall wurde zu den Akten gelegt. Das, was geschehen war, hatte in der Welt keine Spuren hinterlassen. War nicht viel mehr als ein Staubkorn in der Unendlichkeit.

Wenn ihr Herz Trost suchte, fand sie ihn am Grab der Mutter. Mutters Grabstein wurde ihr wieder ein Ort der Geborgenheit, ein von jenen Mutterarmen beschützter Ort, aus denen sie in ihrem achten Lebensjahr gerissen worden war, als ihre Mutter für immer verstummte und sie in einem Kinderheim ihr junges Leben weiterleben musste. Viele Jahre lang war sie nur noch selten gekommen. Aber jetzt gab der Grabstein der Mutter ihr einen Ort der Geborgenheit zurück, ihr selbst und dem Kind, dessen Erzeuger ein gesichtsloser Schemen war.

Ist unser Bäumchen nicht ein ganz besonderes Bäumchen,

Josepa? fragt die Mutter und drückt sie noch fester an sich. Und Josepa nickt, denn sie weiß längst, warum die Mutter das zu ihr sagt. Sie ist ja schon in den Herbstferien acht Jahre alt geworden. Mutter hat es ihr erklärt. Sie weiß, warum in den Augen der Mutter jetzt Tränen glänzen, als sie gemeinsam vierundzwanzig rote Kerzen an dem winzigen Weihnachtsbäumchen anzünden – die erste sie, die zweite die Mutter und immer sofort – bis vierundzwanzig rote Kerzen den kalten Grabstein der Großmutter, den es im nächsten Jahr, wie die Mutter ihr gesagt hat, nicht mehr geben wird, in ein warmes Licht tauchen, so warm und leuchtend wie an keinem Heiligabend zuvor, an den sie sich erinnern kann. Und es sind doch schon ganz schön viele Heiligabende gewesen.

Hoffnung

Warum meinst du, wären wir etwas Besonderes? Was wäre denn dieses Besondere?

Wir sind nur Krümelchen, du und ich. Vielleicht besonders Verliebte, wenn dir das besser gefällt.

Aber weißt du, auch verliebte Krümelchen können ihr *Ich* nicht wechseln wie Klamotten. Ich kann es nicht. Denke nicht, dass ich dir zuliebe das Gestern verlache und das Heute bejuble. Wir sind nichts Besonderes. Warum sollten wir das sein? Welche Pixel haben dich verführt, so zu denken?

Es ist immer schön, wenn wir uns ganz tief fühlen und spüren können und unsre Herzen wie eines schlagen hören. Aber wie schön auch alles ist, wir sind nur Krümelchen, die sich lieben. Und das ist schön. Sehr schön. Aber dennoch sind wir, was wir nur sein können. Und darum muss ich dir sagen, du liebes, liebes Krümelchen, dass ich gehen muss von dir. Und auch nicht sagen kann, ob ich wieder zu dir zurückkommen werde. Weil ich jetzt zu einem anderen Krümelchen gehen muss. Weil dieses andere Krümelchen sein Krümelchen Dasein aufgegeben hat. Es im Begriff ist, dieses Dasein ganz loszulassen, vielleicht schon in dieser Minute gerade loslässt. Und sich schon gar nicht mehr an ein Krümelchen erinnern kann, das einmal auch seines war. Ist das nicht eine traurige Geschichte? Die traurigste überhaupt? Für mich ist sie das. Aber stelle dir doch nur mal vor, sie könnte mit dem Kapitel *Hoffnung* wieder anfangen ...

Immer mal wieder

Immer mal wieder hat er daran gedacht. Im Frühling. Am Abend. Bei einem Nachtspaziergang im Regen. Daran gedacht, woran er in der Wohnung nicht denken kann. Zwischen Wänden. Zwischen den Wänden fehlt den Gedanken die Weite. Und der Regen. Und das Spüren der Nachtluft. Zwischen den Wänden ist alles ein wenig eingepfercht. Und unwirklicher. Auch der Gedanke, dass es kein wirklicher Verlust gewesen wäre, die Magd von Heiligenblut nicht angeschaut zu haben. Dass es aber ein Verlust gewesen wäre, beim Anschauen der Magd von Heiligenblut, ihre Hand nicht gehalten zu haben – zwei kurze Stunden lang.

Vor dem Kino nochmal stehen ist nicht mehr möglich. Das Kino hat seit Jahren schon ein Eiscafé-Gesicht bekommen. Und nur oben am Giebel erinnert noch etwas an die Magd von Heiligenblut. Etwas, das unverändert geblieben ist. Das ihn immer an die Magd von Heiligenblut und an das Händehalten erinnern wird. Und auch an das, was er nie für möglich gehalten hätte – bis es passierte.

Idiot

Jemand hat in ein Notizheft geschrieben: Ich friere. Die Windmühlen nicht. Mit Leichtigkeit zerschneiden sie den blauen Himmel. Vielleicht aber streicheln sie ihn auch nur. Und alles tun sie leise. Aber die Raketen, da, wo du bist, die tun es nicht! Die zerstören und töten, da, wo du bist, die Raketen! Die zerfetzen den blauen Himmel, da, wo du bist, die Raketen! Und dein Gott? Der hört und sieht nichts, dein Gott! Den hast du ja ganz tief hineingesperrt in dein Herz, deinen Gott, der nichts hört und nichts sieht! Dann lass dich doch zerfetzen für ihn, du fanatischer Idiot, Idiot!

Inszenierung

Der kleine Junge wird von seiner Mutter vehement am Stehenbleiben gehindert. Mit festem Griff weitergezogen, weg von dem, was sich auf der Sonnenseite gegenüber der Bankfiliale abspielt. In der Fußgängerzone. Vor dem die einen im weiten Bogen, die anderen durch starres Geradeausblicken zu entkommen versuchen. Und andere nicht anders können, als spontan stehenzubleiben und sich dem Szenario zu stellen, sich unter Gute-Laune-Sonne geschockt zu zeigen von etwas, dass da Tag für Tag und Nacht für Nacht passiert – in Käfighaltung. In Gitterboxen. In so einer, wie sie jetzt gegenüber der Bankfiliale steht. In der Sonne, da drüben. Mit Fleisch gefüllt. Mit Menschenfleisch hinter Eisenstangen. Schlachtreifes aus der Gitterbox. Für den Verbraucher. Für die Geradeausblickenden und Flüchtenden. Vor saftig Wabbeligem. Aus Gitterbox-Aufzucht. Für den Verbraucher. Den Preisbewussten. Den Marktorientierten. Und für alle die Glotzenden und sich Ekelnden. Vor dem da drüben. Da in der Sonne. Vor dem Hingepatschten. Dem perfekt in Szene gesetzten Wabbeligen. Da drüben. Das Weiberfleischige hinter Sauenmasken. In der Gitterbox. Für den preisbewussten Verbraucher. Dann ein Wink! Die Akteure reagieren. Die Inszenierung löst sich auf.

Identifizierung

Ja, in Punkto Ergiebigkeit liege Gel eine Nasenlänge vor Schaum. Worin nun aber der spürbare Unterschied zwischen den Varianten »Sensibel« und »Normal« bei Gel und »Sensibel« und »Normal« bei Schaum liege, könne er noch nicht sagen. Seine Halszonen jedenfalls würden auf Gel und Schaum gleich reagieren. Und über den Preis lasse sich kein »Besser« oder »Schlechter« ableiten, da der Preis bei allen Varianten der gleiche sei. Nein, um die Unterschiede im Detail herauszubekommen, müsse er die Inhaltsstoffe sehr genau unter die Lupe nehmen, was ein stundenlanges Googeln natürlich zwingend notwendig mache. Und auch eine sehr leistungsstarke Lichtlupe, um alle auf den Behältern angegebenen Inhaltsstoffe zweifelsfrei identifizieren zu können. Er habe da eventuell auch schon eine sehr gute im Visier, die bei Stiftung Warentest mit der Note 2 plus bewertet worden sei. Aber um sich endgültig entscheiden zu können, müsse er noch weitere Testberichte analysieren.

Jugendfreund

Ein Jugendfreund habe sich gemeldet. Das Gespräch sei dann so vertraut gewesen, dass sie sich in der halben Stunde fast ihr ganzes Leben erzählt hätten. Sie sich versprochen hätten, in Kontakt zu bleiben. Und schon eine Woche später sich der Jugendfreund wieder gemeldet habe. Und sie sich wieder fast ihr ganzes Leben erzählt hätten. Und auch noch das eine oder andere. Der Jugendfreund ihn, angesichts seiner körperlichen Beschwerden gebeten habe, ihm doch gelegentlich einen schönen Bildband über ihre gemeinsame Jugendheimat zu schicken. Oder wenn der zu teuer sei, wenigstens einige schöne Fotos. Er habe dem Jugendfreund einen Bildband, plus Fotos geschenkt, worauf sich der Jugendfreund umgehend herzlich bedankt habe – verbunden mit der Bitte, ihn, angesichts seiner finanziellen Not von der er jetzt ja wisse, mit einem Hunderter zu unterstützen. Diese Bitte, das könne er glauben, sei ihm sehr schwer gefallen. Er dem Jugendfreund ein paar Scheinchen geschickt habe. Und prompt nach zwei Woche wieder ein Brief eingetrudelt sei. Gelegentlich schreibe der Jugendfreund noch immer.

Kinoabend

Vergangenen Montag ist er im Kino gewesen. »Avatar – Aufbruch nach Pandora.« Alle Welt schwärmte doch von diesem Film. Nach der Vorstellung unter freiem Himmel hatte er noch ein Bierchen getrunken. Und sich an die Zeit erinnert, in der sie gemeinsam Fantasy-Filme angeschaut hatten. »Die unendliche Geschichte« fällt ihm ein. In ihren Augen haben die gleichen Tränen geglitzert, wie in den Augen der Kindlichen Kaiserin. Vielleicht noch größere. Und glänzendere. Aber auf jeden Fall ganz salzige. Er hat sich vorgenommen, jetzt wieder öfter ins Kino zu geh'n.

Kinderschaukel

Auf einer Kinderschaukel im Regen sitzt eine Frau. Die in die Erde versenkten Rundhölzer, der Querbalken, die Seile, die ihre Hände umklammern, die weich geformte rote Kunststoffschale auf der sie sitzt – alles neu. Und vor einigen Tagen erst, hat man mit einer ganzen LKW-Ladung frischem Sand, den festgetrampelten Boden der Anlage aufgefüllt. Alles lädt wieder ein. Nur der Regen stört. Aber von den Wangen der Frau wischt er die Tränen.

Katastrophe

Verwirrendes setzt ein. Eine Benommenheit betäubt ihre Gedanken, lässt ihren Körper vibrieren.

Etwas immer stärker werdendes lähmt sie.

Noch einmal zuckt etwas in ihrer Mimik. Einen Augenblick. Einen Augenblick später hat sich ihr Körper krampfartig verbogen.

Nach einem vergeblichen Kampf löst sich alle Spannung. Sie wacht noch einmal auf. Sekunden später noch einmal.

Einen Tag später berichten die Medien:

»*Dramatische Rettungsaktion in stürmischer See – Froschmänner tauchen nach Opfern des Untergangs der Estonia-Fähre. Über 900 Menschen kommen bei einer der größten Schifffahrtkatastrophen der Geschichte ums Leben.*«

Klacks

Er sei der glücklichste Mensch, den er kenne. Er besitze nix. Er habe keine Kreditkarte, keine Tageszeitung, keinen Fernseher, keine Wohnung, kein Telefon und natürlich auch kein Auto und keine Freunde. Weil man ja von einem, der nix hat, auch nix holen und nix erwarten könne. Und das sei sein Problem. Weil es nun mal nicht sein könne, dass ein Vernünftiger einfach nix habe. Und wenn denn doch, dann bitteschön, habe man wenigstens ein ganz normaler Obdachloser oder Penner zu sein. Das sei dann wenigstens etwas. Doch allemal besser als nur nix zu sein. Nur nix zu beanspruchen, das sei schlichtweg unverschämt. Fast schon kriminell. Man stelle sich das nur mal vor: Einer ohne Girokonto! Dagegen wäre ja selbst die Begegnung mit einem Außerirdischen nur ein Klacks.

Klarstellung

Du bist also der Meinung, für mich ein Volltreffer gewesen zu sein? Für mich das Beste gewesen zu sein, was mir hatte passieren können? Dass alle Glücksmomente, alles Bedeutungsvolle, aber auch alles Traurige und Unschöne, erst durch dich zu etwas Besonderem geworden ist? Nun ja, ich stimme dir zu. Aber nicht, weil du Recht hast, sondern weil es eigentlich sehr logisch ist. Aber mit dir, leider, leider so gar nichts zu tun hat. Weil es nämlich einzig und allein nur mit der Zeit zu tun hat. Aber so ganz und gar nichts mit dir. Denn es bist nun mal nicht du gewesen, der etwas besser oder schlechter hat werden lassen können. Das hat einzig und allein nur die Zeit gemacht. Aber leider nicht du. Also kann es mit dir nichts zu tun haben, oder? Oder bist du wer, der außerhalb der Zeit steht? Einer, der mächtiger ist als die Zeit? Oh, dann würde wohl selbst der liebe Gott auf dich neidisch werden. Was meinst du? Na schön. Jaja, ich gönne ihn dir, diesen einen Wimpernschlag Göttlichkeit. Aber mit der Zeit wird auch dich die Zeit ganz rund und weichgespült haben. Was meinst du?

Karfreitag

Es war ein Karfreitag, ein Dreizehnter, als Gott seine himmlische Führungsriege zu sich läutete und sprach: »Jetzt habe ich es satt. Wann immer ich auf die Erde schaue, was sehe ich? Mord, Lug, Betrug und Hurerei. Und wem das noch nicht reicht, bitteschön, noch jede Menge Kriege, Gräueltaten, hausgemachte Katastrophen und sonstige Perversität. Kurzum, das kann so nicht weitergehen. Diese Knallköpfe, die haben bis heut nicht kapiert, auf was es ankommt. Die sind auf dem besten Weg, meinem schönen Planeten den Gar auszumachen. Alles, was diese Knallköpfe interessiert, ist Geld, ein permanent bescheuertes Machtgehabe – und, ganz wichtig, das, was sich zwischen ihren Schenkeln abspielt!

Nein, ihr Lieben, meine prachtvolle Erde ist denen nur noch Mittel zum Zweck. Und das will ich mir nicht länger gefallen lassen! Der Verstand dieser Bande, der hat sich längst selbst vergewaltigt, der schreckt vor keiner Sauerei mehr zurück. Der lässt sie den gleichen Mist immer und immer wieder machen. Das Bisschen, was diese Bande noch in der Birne hat, ruiniert meine schöne Erde und saniert denen ihre Geldberge, die höher und höher werden. Die juckt es nicht, dass sie aus meinem Garten Eden einen Garten Fehden gemacht haben. Diese Blödmänner werden nie damit aufhören, *aus den Früchten vom Baum der Erkenntnis, Kompott kochen zu wollen.* Dem nicht genug, die besitzen gar die Dreistigkeit zu behaupten, in meinem Namen zu töten, um ins Paradies zu kommen! Das schlägt doch dem Fass den Boden aus!

Also ihr Lieben, jetzt mal zu den Fakten: 91,1 Prozent dieser Zustände gehen auf das Konto der Adams. 8,9 Prozent auf das Konto der Evas. Auch deutet alles darauf hin, dass sich in den nächsten hundert Jahren nichts, aber auch gar nichts ändern wird – von den wenigen, hoffnungslos überforderten »Einzelkämpfern« mal abgesehen.

Angesichts dieser Tatsache wäre es unverzeihlich, ja gar eine Todsünde, würde ich weitere Jahrhunderte darauf vertrauen, dass den Adams vielleicht doch noch dieses eine besagte Lichtchen namens »Verstand« aufleuchten könnte, der mein Ebenbild daran hindern würde, meinen schönen Erdball im Weltall verpuffen zu lassen. Auf dieses Quäntchen Hirnmasse zu hoffen, ihr Lieben, das sollten wir besser nicht.«

Und Gott neigte sein Haupt, und für einen Moment erinnerten die göttlichen Bewegungen an die der Wackelhündchen, die die Menschen sich auf die Heckablagen ihrer Autos setzen.

Als der Herr sein Haupt wieder hob, den Blick über die Anwesenden schweifen ließ, herrschte absolute Himmelsstille. Und dann sprach Gott: »Ich habe Folgendes beschlossen: Alle Macht in die Hände der Evas zu legen. Es solle geschehen!«

Stille herrschte im Himmelsraum, die zögerlich, ganz allmählich in ein Raunen überging, das wiederum von sehr gedehnten Ooooh's und Aaah's abgelöst wurde und die ihrerseits von einem vielschichtigen Gestöhne, indes das Auge Gottes das Geschehen reglos beobachtete, bis endlich all das Stöhnen und Jammern einer gespenstisch anmutenden Stille gewichen war. Und ein erregtes Stimmchen rief: »Aber Herr, sage, wie soll das friedfertig vonstatten gehen? Nie und nimmer werden sich die mächtigen Adam-Cliquen das gefallen lassen, Herr!« »Ja, nie und nimmer«, säuselte ein andres Stimmchen, und fügte heißer hinzu: »Herr, auch die Evas können ganz schön zickig sein!«

»Oh ja, Herr«, jaulten weitere Stimmen. »Bei denen ist auch nicht alles Gold, was da so verführerisch glänzt!«

Und Gott lächelte und sein sanfter Blick schweifte über die erregten Gemüter und Gott sprach: »Höret, ihr Lieben: Bin ich denn nicht der Gott, der Himmel und Erde erschaffen hat? Und Adam und Eva? Und alle die Hundertunddreimilliarden Nachkommen seit Anbeginn der Erde? Ist es da nicht eine Kleinigkeit für mich, in ihren Köpfen das eine oder andere dahingehend zu verändern, als sei das schon immer so gewesen?« Und Gott schmunzelte über so viel Kleingläubigkeit in seinem Himmelreich und fuhr milde fort: Also, ihr Lieben höret: Auch wenn seit unserem letzten Treffen tausend und zwei Jahre vergangen sind, so bin ich derselbe Gott, dessen Wille immer geschehe. Neunhundertneunundneunzigtausend Jahre Adam-Macht soll nun fürs Erste genug gewesen sein. Auch ein Himmel darf sich nicht vor Reformen verschließen. Es ist doch allemal einen Versuch wert, ihr Lieben, das Ruder jetzt den Evas unterzujubeln. Und dann warten wir geduldig ...

Kussmund

Als er wieder aus der Duschkabine seines Zimmers kommt, ist sie nicht mehr da.

Er tritt auf den kleinen Balkon hinaus. Die Stadt unter ihm ein einziges Flimmerlichtermeer. »Und irgendwo jetzt dort wieder du«, sagt er so leise, als könne ihn jemand hören.

Wieder im Zimmer bemerkt er auf einem der Kissen einen rötlichen Fleck, der, als er nähertritt, sich als Kussmund herausstellt –zum Abschied für den, der mit ihr noch lange Kopf an Kopf zusammenlag. Den sie gefragt hatte, ob er denn wiederkommen würde, der aber keine Antwort darauf wusste, und ihre Hand noch fester in seine drückte, und schon am anderen Morgen wieder in ein Taxi stieg, das ihn zum Flughafen brachte.

Krümelchen

Warum meinst du, wir wären etwas Besonderes? Was wäre denn dieses Besondere?

Wir sind nur Krümelchen, du und ich. Vielleicht besonders verliebte, wenn dir das besser gefällt.

Aber weißt du, auch verliebte Krümelchen können ihr *Ich* nicht wechseln wie Klamotten. Ich kann es nicht.

Denke nicht, dass ich, dir zuliebe, das Gestern verlache und das Heute bejuble. Wir sind nichts Besonderes. Warum sollten wir das sein?

Es ist immer schön, wenn wir uns ganz tief fühlen und spüren können, und unsre Herzen wie eines schlagen hören. Aber wie schön auch alles sein mag, wir sind nur Krümelchen. Sich liebende, ja. Und das ist schön. Sehr sogar. Aber dennoch sind wir, was wir nur sein können. Und darum muss ich dir sagen, du liebes Krümelchen, dass ich gehen muss von dir. Und auch nicht sagen kann, ob ich wieder zu dir zurückkommen werde. Weil ich jetzt zu einem anderen Krümelchen gehen muss. Weil dieses andere Krümelchen sein Krümelchen-Dasein aufgegeben hat, es im Begriff ist, dieses Dasein ganz loszulassen. Vielleicht schon in dieser Minute loslässt. Und sich schon gar nicht mehr an ein Krümelchen erinnern kann, das einmal auch seines war. Ist das nicht eine traurige Geschichte? Die traurigste überhaupt? Für mich ist sie das. Aber stelle dir nur mal vor, sie könnte mit dem Kapitel *Hoffnung* wieder anfangen ...

Gepäck

Sie habe beschlossen, sich für die nächsten hundert Jahre keine Gefühle mehr zu gestatten. Auf alle Erinnerungen zu verzichten. Auf alles Kommende nicht zu reagieren. In einer einzigen Tasche hat jetzt alles Platz. Ohne Erinnerung und Zukunft ist sie sehr leicht. Man geht fast wie mit leeren Händen. Der Gedanke, diesen einen Stern doch noch zu finden, wiegt nicht viel. Den Gedanken was sein wird, wenn nicht, habe sie ja nicht im Gepäck.

Lange danach

Als sie zu ihm sagt, dass sie in seinen Augen so viel Wärme spürt, lächelt er ein Lächeln, in dem das Eis geschmolzen zu sein scheint.

Als sie sich wiedersehen, sucht sie im Augenblick des Wiedersehens in seinen Augen wieder nach dieser Wärme, in der das Eis geschmolzen zu sein scheint, vergeblich.

Später denkt sie: Aber wer kann es denn schon wissen, ob nicht doch schon bald für immer und ewig das Eis geschmolzen sein wird?

Lange danach schiebt sie in ein blaues Briefkuvert ein blaues Briefpapier, auf dem geschrieben steht: Ich habe beschlossen, mir für die nächsten hundert Jahre keine Gefühle mehr zu gestatten. Auf alle Erinnerungen zu verzichten. Auf alles Kommende nicht zu reagieren. In einer einzigen Tasche hat alles Platz. Ohne Erinnerung und Zukunft ist sie sehr leicht. Man geht fast wie mit leeren Händen. Der kleine Gedanke, diesen einen Stern vielleicht doch zu finden, wiegt nicht viel. Den Gedanken, was sein wird, wenn nicht, habe ich ja nicht dabei ...

Literaten-Gefilde

Ja, es mache ihm noch immer viel Freude. Es sei längst zu einem nicht mehr wegzudenkenden Prozedere geworden, an das er sich strikt halte. Ein Prozedere, bei dem nur der Zufall darüber entscheide, welchen Text er heute und welchen er morgen lese aus seiner extra dafür angelegten Geschichtensammlung, streng anonym, auf A-4 Blätter kopiert, keine länger als sieben Normseiten, weil auch keiner seiner eigenen Texte länger als sieben Normseiten sei. Alles Weitere aber entscheide der Zufall, etwa, welchen Text er heute und welchen er morgen aus dem Regal fische. Diese Herangehensweise gewährleiste größtmögliche Neutralität, wenngleich er natürlich schon auch mal bei der Lektüre den Autor erahne. Aber das spiele keine große Rolle; es gehe ja einzig und allein nur darum, dass er das, was er lese, so neutral wie nur möglich lesen müsse; es zähle nur die innere Stimmung, die ihm fürs eigene Schreiben unentbehrlich sei. So jedenfalls war das bislang immer.

Jetzt aber sei alles anders – seit der Bekanntgabe des frischgebackenen Literaturnobelpreisträgers. Dieses Ereignis, das ihm jetzt nur noch schlaflose Nächte bereite, diese Tatsache, dass es nun auch schon Songschreibern gelinge, was bislang unvorstellbar gewesen sei. Und das, bei allem Verständnis, könne ihn nicht kalt lassen, im Gegenteil: Er bekomme Schüttelfrost und Hitzeattacken zugleich – bei dem Gedanken, dass das, was einem Songschreiber geglückt sei, früher oder später auch einem Geschichtenschreiber glücken könnte. Es sei ja alles, wie man weiß, immer nur eine Frage der Zeit. Aber wen interessiere das? – im Gegenteil: Alle Welt beneide doch den Glücklichen, der jetzt von nun an bis in alle Ewigkeit in diesem extra dafür geschaffenen Literatenhimmel herumschweben dürfe – auf Kosten seiner Kreativität.

Aber gut, natürlich wisse er schon, und das beruhige ihn ja auch wieder, dass die Latte, um da hineinschweben zu dürfen, in dieses himmlische Literaten-Gefilde, ziemlich hoch liege – was für eine Freude!

Lüge

In jedem Leben gibt es einen Moment, in dem ein letztes Mal alles möglich ist. Du musst ihn spüren, Liebster, es gibt keine Wiederholung, Liebster mein.

Es bleibt eine hübsche Lüge, »Ewig jung ist nur die Fantasie.« Die Fantasie ist grau, so grau und hat so lange Schatten schon, so ewig lange Schatten, Liebster, du. Aber das Meer, das Meer ist noch das dasselbe Meer, das uns trennt. Und die Briefmarken haben jetzt Wölkchen. Aber das Meer ist dasselbe Meer. Und auch der Wind ist derselbe Wind, der unser Haar zerzauste. Ach, lass es ergraut sein, es ist derselbe Wind, derselbe, der unser Haar zerzauste.

Ihr Blick ist noch immer in die Himmelsnacht verhakt, in die mit Nacht behängten Dächer, ehe sie dann mit einer Hand den Kalender an der Wand wendet und bald schon die Nacht und das Meer und der Wind ihre Schrittchen verschlucken – bis zum Morgendämmern, wenn sie den Kalender an der Wand wieder wenden wird, ihre Augen blinzelnd über die Dächer hinweg in den schimmernden Himmeldunst zum ahnenden Meer blicken, ehe sie die müden Augen schließen wird – um in den Abendstunden wieder zu schreiben: In jedem Leben gibt es einen Moment, in dem ein letztes Mal alles möglich ist. Du musst ihn spüren, es gibt keine Wiederholung, Liebster mein ...

Liebes

Sie kenne ein Ehepaar, sagt sie, das seit mehr als 26 Jahren verheiratet sei, bei denen es noch immer Momente gebe, dass, wenn die Frau ihren Mann mit einem bestimmten Blick anlächle, er noch immer verlegen werde. Und in seinen Augen noch immer so ein Verliebtsein aufleuchte, vielleicht so wie vor 26 Jahren. Wenn sie daran denke, werde es ihr immer ganz warm ums Herz. Und ihre Angst vor einer festen Beziehung sei dann wie die Butter in der Sonne. Aber natürlich wisse sie schon, dass das ziemlich blauäugig sei, was sie da erzähle. Aber hin und wieder müsse es einem doch auch gestattet sein, das eine oder andere wieder mit Kinderaugen betrachten zu dürfen. Man müsse sich doch nicht gleich den Türspalt auch noch selber vor der Nase zuschlagen.

Lieber

Du hast eine Liebe verdient, die dir alle diese schönen Gefühle zurückgeben kann, die du mir geschenkt hast. Aber du musst verstehen, dass ich sie nicht sein kann und auch nie sein werde. Das musst du wissen. Ja, es stimmt, du bist der einzige Mensch, seit meiner Kindheit, dem ich mein Herz öffne ...

Er zuckt zusammen, als er jemand neben sich glaubt, es aber nur sein eigener Schatten war, beim Vorbeigehen an einer Schaufensterscheibe, der ihn zusammenzucken ließ, nahe eines Platzes, auf dessen Mitte quadratisch angeordnete Granitsteinstehlen Wasserfontänen verspritzen, zum Spaß zweier Jugendlicher, die ihre Frisbee-Scheiben durch die Fontänen flitzen lassen, von einem Mädchen beobachtet, das nicht genug Selfies machen kann.

»Ist einer von denen dein Schwarm, Mädchen?«, denkt er. Und denkt wieder an Eline, die jetzt im Supermarkt vielleicht wieder Kartons aufschlitzt, die Ware bis in die obersten Ablagen bugsiert, mit einem scheinbar unendlich biegsamen Körper, hinter dem er gestanden hatte. Und nach Brunello gefragt hatte. Und der biegsame Körper sich ihm zugewandt hatte. Und plötzlich ein Gesicht hatte. Und einen wunderschönen Mund, der mit einer tiefen Stimme, den gibt's gerade im Angebot gesagt hatte. Und er am Abend den Wein getrunken hatte. Und während des Trinkens nur an die Verkäuferin gedacht hatte. Und noch an sie gedacht hatte, als er schon fast eingeschlafen war ...

Du sagst, dass du mich liebst. Dass ich die sei, nach der du dich schon immer gesehnt hättest. Dass es dir so vorkäme, als würden wir uns schon seit einer Ewigkeit kennen, so vertraut sei ich dir. Du sagtest schon so vieles, seit jenem Abend, an dem du in dem Lokal aufgetaucht bist, in dem die Supermarktverkäuferin an den Wochenenden ihren miesen Supermarktlohn mit einer Transvestiten-Show aufbessert, was ihr Freude macht, denn es ist ihre Welt, in die sie gehört, aber du, mein Lieber, nicht ...

In einem Straßencafé bestellt er ein Pils und stiert dem Mädchen hinterher, das seine Bestellung aufgenommen hat; wie es sich mit flinken Schrittchen den Weg durch die Tische bahnt, mit der Hüfte eine Flügeltür aufstößt, um schon kurz darauf wieder, mit einem Tablett in der Hand, auf ihn zu getrippelt kommt. Und er, als sie das Getränk in das Glas schäumen lässt, auf ihre zierlichen Hände starrt, und an Eline denkt ...

Es war schön mit dir, alles so schön. Alles, was du sagtest und wie du es sagtest, mit diesem Blick immer. Aber die, der dieser Blick galt, die bin ich nicht ...

Ich zweifle keine Sekunde an deiner Aufrichtigkeit mir gegenüber. Denke das nicht. Und das ist auch mein Problem, denn in Wahrheit bin ich nicht die Frau, in die du dich verliebt hättest. Ich bin sie nicht und werde sie auch nie sein ...

In einem Lokal beobachtet er an der Bar einen Mann, der mit seiner Hand zwischen den Schenkeln einer Frau spielt, die mit dem Mann an ihrer anderen Seite schäkert. Und wieder an Eline denkt; an Eline's eiskalte Hände, als er mit ihr, Hand in Hand spazieren gegangen ist, in einem Anflug übermütiger Freude, immer wieder die Seite gewechselt hatte, um einmal ihre linke und wieder ihre rechte Hand warm zu rubbeln ...

Du bist verliebt in mich. Nur ich bin sie nicht, in die du dich verliebt hast! Und werde sie auch nie sein. Aber bald werde ich es wissen, wie alles kommen wird zwischen uns, wenn du diese Zeilen gelesen hast. Aber gleichwohl wie alles kommen wird, ich werde dir nichts nachtragen, nicht das Geringste, denn es war ja ich, ich ganz allein, die dich betrogen hat ...

Markttreiben

Ein Mann sitzt an einem sonnigen Vormittag in einem gut besuchten Straßencafé und beobachtet das Markttreiben. Als eine Windböe seine Serviette vom Tisch weht. Eine Frau, die mit einer anderen Frau zusammen am Nachbartisch sitzt, sie zu erwischen versucht. Achselzuckend dann kurz zu ihm herschaut. Und den Mann an eine sehr schlanke Sekretärin erinnert, die einmal ein Stockwerk unter ihm gearbeitet hat. Und im selben Moment schon gottfroh ist, von der jetzt sehr korpulenten Sekretärin, auch vielleicht seiner sehr dunklen Sonnenbrille wegen, nicht erkannt worden zu sein.

Der Mann kurz darauf einen Alten mit schütterem Haar und Vollbart, als einen ehemaligen Vorgesetzten identifiziert. Diesem, als er seinem Tischchen immer näherkommt, dank seiner sehr dunklen Sonnenbrille ungeniert ins Gesicht sieht. Und ihn am liebsten am Kragen gepackt hätte. Dem so sichtlich Verdatterten dann am liebsten gesagt hätte, was für ein armseliges Männchen er doch geworden sei! Sowas von einem alten tattrigen, armseligen Männchen er jetzt sei! So alt und armselig, wie er seinerzeit, ihn nie hätte aussehen lassen können ...

Morgenstund

Er taucht ab. Will mit kräftigen Unterwasserzügen Richtung Weihermitte entkommen. Muss sich aber nach wenigen Sekunden geschlagen geben. Hängt senkrecht strampelnd bis zur Oberlippe im Wasser. Keucht. Äugt zum Ufer. Dort, in dieser Herrgottsfrühe, fängt unter Anleitung eines älteren Herrn ein Grüppchen Damen mit Lockerungsübungen an, sich aufzuwärmen. Sichtlich bemüht, den ungelenk aussehenden Arm-Bein-Rumpf-Bewegungen des älteren Herrn weibliche Grazie entgegenzusetzen.

Oh, Gott, oh Gott, wenn dieses Gehopse länger geht, werde ich mir noch einen abfrieren, denkt er. Er ist wütend auf sich, dass er sich in dieser Herrgottsfrühe ein Fitness-Wohlfühl-Erlebnis aufgeschwatzt hat lassen. Er solle sich doch bitte mal den Nachbarn als Antriebsfeder nehmen. Sich den Nachbarn als Antriebsfeder nehmen! Diesen Möchtegern-Tarzan! Er schnattert. Stößt seine Eisbeine in die Tiefe. Das Grüppchen Damen übt jetzt, mal mit dem linken, mal mit dem rechten Beinchen, graziöses Hüpfen. Und er, jeden Augenblick, seiner Feinrippunterhose wegen, zum Lacher wird, die an ihm hinten rum, wie eine zweite Haut klebt. Und vorne rum etwas lächerlich Aufgeblasenes hat, er zur Kicher-Akrobatik-Nummer wird – jeden Augenblick …

Metamorphose

In einem Land, das namentlich nicht benannt ist, hatte sich über Nacht etwas Unvorstellbares ereignet: In einer bis dato beispiellosen Metamorphose hatten sich alle Bewohner in nur einer Nacht in wahrhaftige Menschen verwandelt, so dass schon am andern Tag alle, ob klein oder groß, jung oder alt, arm oder reich, ob sie sich dem achtspeichigen Rad zugehörig fühlten, dem Kreuz, dem Halbmond, dem Davidstern oder anderen mehr, es als das Selbstverständlichste empfanden, dass in diesem Land das achtspeichige Rad, das Kreuz, der Halbmond, der Davidstern und andere mehr – sich mit jener Selbstverständlichkeit umarmen, mit der man auch Schnee räumt im Winter, wie man auch stoppt vor einer roten Ampel – und einen anderen Mensch mit der Herzlichkeit annimmt, wie man auch selber angenommen werden möchte.

Mondrot

Entlang der Gischt, Hand in Hand, barfüßig vom Mondrot begleitet, bleibt er abrupt stehen und fragt: »Hast du es auch gehört?«
»Aber natürlich hab ich es auch gehört.« Sie tätschelt seine Hand.
»Das war ein tiefes Horn.«
»Ja, das war es, ganz bestimmt.«
Wieder starrt er mit kurzen, ruckartigen Schaukelbewegungen seines Oberkörpers auf das mondrotglitzernde Meer hinaus. Und sie ihren Arm fest um seine Hüfte gelegt, steht neben ihm.
»Weißt du, dass ich auch einmal ein Seefahrer werden wollte?«
»Aber klar weiß ich das, dass du das werden wolltest.«
»Schon mit zwölf wollte ich zur See fahren.«
»Und zu deinem 12. Geburtstag hast du doch auch dieses schöne Buch, Robert der Schiffsjunge, geschenkt bekommen, weil du doch auch Robert heißt, so wie dieser Schiffsjunge in diesem schönen Buch. Erinnerst du dich?«
»Nein, das Buch kenne ich nicht.«
Sie drückt seinen Arm und sagt, »lass uns weitergehen, wir wollen doch noch zu unserem Schiff.«
»Und wie heißt unser Schiff?«
»Na, lass dich überraschen«, antwortet sie und ergreift seine Hand. Und sie stapfen, Hand in Hand, aus der kühlen Nässe der Gischt landeinwärts, er mit einer Korkmatte unterm Arm, sie mit einer kleinen Leinentasche über der Schulter, in Richtung eines halbzerfallenen Bootswracks, welches sie am ersten Tag nach der Ankunft im Hotel, bei ihrem ersten Strandspaziergang entdeckt hatten. Und sie hat in seinen Augen ein Leuchten, eines wie lange nicht, flackern gesehen.
Vor das Mondrot hat sich ein milchiger Schleier geschoben, als sie sich auf ihre Matte setzen, an eine Planke gelehnt, sie sich Wein in einen Becher gießen, aus dem sie gemeinsam trinken, und er seinen Kopf auf ihre Schulter neigt, als sie mit den Worten: *Mein geliebtes Mädchen* vorzulesen beginnt.

»Schon am 1. Januar wurde ich versetzt. Zuerst kam ich auf das Schulschiff »Scheer«, das uns nach Lissabon brachte. Aber dann, stell dir vor, wurden wir vom Segelschulschiff »Gorch Fock« übernommen!

Am 14. Januar war es soweit! Unter voller Besegelung und einer großen Menschenmenge, die uns zuwinkte, lief die »Gorch Fock« aus dem Hafen, mit Ziel Rio de Janeiro ...

Wir sind an Teneriffa und auch an den Kapverdischen Inseln vorbeigesegelt ...

Am 27. Januar erlebte ich meine Äquatortaufe ...

Gestern haben wir viele Haie und Tümmler vor dem Bug gesehen ...

Seit einigen Tagen haben sich meine Magenbeschwerden weiter verschlechtert ...

Ich denke ganz oft an dich ...

Die Sehnsucht nach dir wird immer stärker ...

Macht alles Erlebte immer kleiner ...

Ich liebe dich ...

Liebe dich immer mehr ...«

Als sie zu lesen aufhört, lächeln sie sich still an mit Tränenaugen.

Mord

Ein Schock sei es gewesen, als er bei der Fahrt zur Arbeit, morgens gegen halb sieben, an einem Straßenbaum einen am Hals aufgehängten Luchs baumeln gesehen habe.

Am anderen Tag habe die lokale Presse berichtet, dass ein Luchs mit einem großkalibrigen Gewehr getötet worden und an einem Baum an einer Kreisstraße mit einem Seil und Henkersknoten aufgehängt worden sei.

Der Luchs sei mit einem Magnum-Geschoß, wie es auch bei der Großwildjagd verwendet werde, getötet worden. Das Projektil sei durch das linke Auge eingedrungen und im Bereich des dritten Halswirbels wieder ausgetreten, dabei sei der Hinterkopf des Tieres völlig zerfetzt worden. Da es sich bei dem getöteten Luchs um ein weibliches Tier gehandelt habe, sei die Empörung der Experten und der Tierschützer besonders groß, da man davon ausgehen müsse, dass der Täter sich dieser Tatsache sehr wohl bewusst gewesen sei.

Einige Tage später habe er um drei Ecken erfahren, dass in einem Gasthaus in jenem Ort, durch den die Kreisstraße führt, an der sich dieses makabre Schauspiel zugetragen hatte, einer am Stammtisch prahlend in die Runde gesagt habe, er verwette seinen Arsch darauf, dass auch in dieser Angelegenheit die Schlauberger die Rechnung ohne den Wirt machen werden. Man denke nur an den Fall: Blitzanlage, die, wie jeder ja wisse, in einer Nacht- und Nebelaktion mit Stiel und Stumpf aus ihrer Verankerung gerissen wurde. Und bis Dato noch immer nicht gefunden worden sei. Nicht die Blitze und auch nicht die Geistertäter, die dafür verantwortlich seien, worauf alle in der Runde mit einem süffisanten Grinsen und mit glasigen Augen ihre Gläser erhoben hätten. Aber warum ihm nun im Zusammenhang mit den Ereignissen der Orden der Templer in den Sinn gekommen sei, das wisse wer auch immer.

Menschlein

Wenn sie ihre 1-Zimmer Parterrewohnung verlässt, dann nur um sich das Nötigste zu besorgen.

Der lange Weg, den sie dabei zu gehen hat, erfordert all ihre Kraft, auch wenn es von niemand bemerkt wird.

Wenn sie sich dann auf den Weg macht, ist ihre Ärmlichkeit, wenn sie denn von jemandem bemerkt würde, für aller Augen eine Zumutung. Da sie aber von niemandem bemerkt wird, fühlt sie sich gut. Bleibt der Tag ein Tag wie immer. Und auf ihrem Gesicht liegt, wenn es denn von jemandem bemerkt würde, eine Zufriedenheit, die auf all den Gesichtern, die sich täglich gegen oder für etwas entscheiden müssen, ohne wirklich entscheiden zu können, nicht liegt – wenn sie es denn sehen wollten.

Mitteilung

In einem Seniorenheim wird eine Seniorin tot in ihrem Sessel vorgefunden. Ihre Hände lagen auf einem stockfleckigen, in Sütterlinschrift verfassten Brief mit folgendem Wortlaut:

Ich habe die traurige Pflicht, Ihnen mitteilen zu müssen, dass Ihr Gemahl, der Oberjäger P. R. am 26 12. 944 gegen 10 Uhr 50 in Ausübung seines Dienstes tödlich verunglückt ist.

Beim Betreten eines Hauses geriet durch unbekannte Ursache dort lagernder Sprengstoff zur Explosion. Sofort angestellte Nachforschungen ergaben, dass Ihr Gemahl, P. R., sowie sein Begleiter, der Hauptfeldwebel V. durch den bei der Explosion entstehenden Druck weggeschleudert wurden und der sofortige Tod eintrat.

Der für Sie schwere Verlust trifft auch uns, da ich in Herrn R. einen zuverlässigen und pflichtbewussten Oberjäger, meine Soldaten einen beliebten Kameraden verloren haben. Ich drücke Ihnen daher sowohl meine als auch die Anteilnahme aller Kompanieangehörigen aus.

Nach Überwindung des ersten Schmerzes werden Sie als Trost das stolze Bewusstsein in sich tragen, dass Ihr Gemahl sein Leben für eine große Zukunft Deutschlands gegeben hat.

Die sterbliche Hülle Ihres Gemahls wird heute am Heldenfriedhof von Arnheim beigesetzt.

Sollten Sie noch Fragen an mich zu richten haben, so stehe ich Ihnen jederzeit zur Verfügung.

Mysteriös

Ohne etwaige Vorzeichen und ohne Vorwarnung sei er urplötzlich in etwas nebelähnlich Wabbeliges hineingefahren. Es gab keinen Aufprall, nicht der geringste Widerstand war zu spüren. Dann sei er ohnmächtig geworden. Irgendwann habe er ein Martinshorn und Stimmen vernommen. Während der Fahrt in einem Sanitätswagen sei es ihm bis zum Erbrechen übel geworden. Mehr wisse er nicht. Einige Wochen später habe er sein Auto zurückbekommen, nigelnagelneu lackiert. Vier Jahre sei das jetzt her. Und jetzt, vor einigen Tagen erst, habe er einen anonymen Brief erhalten, genauer gesagt, seien es nur zwei Fotos gewesen, auf denen sein damaliges Fahrzeug zu sehen sei. Die gesamte Front, inklusive Dach, nur spiegelblankes Blech. Nicht das kleinste Fleckchen Lack. Mysteriös sei auch, dass das Briefkuvert keinen Poststempel habe.

Mondgras

Man könnte auch sagen, dass er stolz in die ewigen Jagdgründe eingegangen ist.

Mit elf Jahren hatte er im Fernsehen einen Film über Indianer gesehen, in dem eine Stimme gerufen hatte: »Und dann ward Winnetou geboren.« Im selben Moment war auf einem Felsplateau ein Indianer aufgetaucht, mit nacktem Oberkörper und langem, schwarzwehendem Haar, und hatte mit den Augen eines Adlers über eine Schlucht hinweg in die endlose Ferne gestarrt, dass es ihm durch Mark und Bein gefahren war.

So hatte alles angefangen.

In der Schule zeichnete er nur noch Indianer. Keine Strafe konnte daran was ändern – er zeichnete einfach weiter: Indianergesichter, Indianerkleidung, Indianerschmuck, Indianerdörfer. Und Augen, immerzu Augen. Nichts konnte ihn davon abbringen.

Mit der Zeit schmissen alle das Handtuch, Eltern, Lehrer und Schulfreunde – niemand konnte das Wort »Indianer« mehr hören. Sein Glück: Er war gut in Deutsch. Das rettete ihn vor dem Ertrinken. Und die Erwachsenen trösteten sich mit der Erklärung, dass man das alles nur einem vorpubertären Spleen zu verdanken habe, den es gelte, mit null Aufmerksamkeit zu bestrafen.

Dann haute er ab. Mit all seinem Ersparten flog er nach Amerika. Da war er neunzehn. Über Nacht von Zuhause weg. Als schon niemand mehr wirklich an seinen Indianer-Spleen gedacht hatte, machte er sich auf und davon und verpatzte, in gewisser Weise, allen das bevorstehende Abi-Fest.

In einer eisigen Vollmondnacht fährt eine Pickup-Kolonne durch das Indianer-Reservat Pine Ridge. Die Frauen und Männer in den Autos sind bewaffnet. Sie gehören zur indianischen Bürgerrechtsbewegung »American Indian Movement.« Ihr Ziel: Wounded Knee, ein kleines Dorf, eine geheiligte Stätte der Lakota-Sioux vom Stamm der Oglala.

Mit ihren Pickups blockieren sie alle Zufahrtsstraßen ins Dorf. Eine Gruppe Aktivisten nimmt, unter Mithilfe von Einwohnern, Mitglieder der korrupten Stammesregierung fest, der Morde und Verbrechen vorgeworfen werden. Der Stammeschef, Richard Wilson, soll ein Komplize der US-Regierung sein, der Gelder aus Washington in die eigene Tasche fließen ließ, indes die eigenen Leute im Reservat ohne ein Mindestauskommen dahinvegetierten.

Am nächsten Morgen wird Wounded Knee von FBI und Armee belagert. Panzerfahrzeuge gehen in Stellung. Reporterteams sind vor Ort ... Die Soldaten schießen auf alles, was sich in Wounded Knee bewegt.

In der Nacht des fünften Belagerungstages durch die Supermacht schleicht er aus dem Quartier.

Oben am Hügel, in Sichtweite des Friedhofs, nahe der Gedenkstätte des Massakers, Anno Domini 1890, entkleidet er sich und setzt sich nackt, die Beine verschränkt auf die blutgetränkte Erde ins eisige Mondgras.

Eine alte Lakota-Indianerin findet ihn am anderen Morgen, den erstarrten Körper. Etwas später tragen mehrere Indianer den fremden Weißen in die nahe Kirche.

Mondlicht

Als ein Mensch im Mondlicht, elf Stockwerke über der Stadt auf seinem Balkon steht, erschrickt er bis ins Mark, als ihm schlagartig bewusst wird, dass er sich im Unterbewusstsein mit jenem Ereignis beschäftigt, von dem er sich einst geschworen hatte, dass es für immer und ewig aus seinem Leben gestrichen sein würde.

In den kommenden Nächten wälzt sich der Mensch von einer Seite auf die andere, der ersehnte Schlaf jedoch stellt sich nicht ein. So geht das viele Nächte lang. Aber dann, eines morgens, ist er sich sicher, dass es vorbeisein würde. Und als der Mensch kurz darauf, gut frisiert, mit einem Kaffee-Pott in der Hand auf seinem Balkon steht, lange in die Tiefe und lange in die Ferne blickt, ist er sich absolut sicher, dass es wieder vorbeisein würde, alles wieder sein würde wie immer, elf Stockwerk über der Stadt.

Mutiger

Ja, es stimme. Er habe schon immer mal wieder mit dem Gedanken gespielt, was Verbotenes auszuhecken. Zum Bcispiel eine Bank zu überfallen oder wenigstens einen Geldautomaten zu knacken. Am fehlenden Mut habe es nie gelegen. Aber dann, die Vorstellung, im Falle eines Scheiterns eingesperrt zu werden, in einer Gefängniszelle zu sitzen, auf eine verschlossene Stahltür zu starren, das löse in ihm noch immer Angst und Panik aus, wenngleich er sein kontraphobisches Verhalten mittlerweile besser im Griff habe. Beim allwöchentlichen Pokerabend jedenfalls, bescheiße er ohne Zustände zu kriegen.

Meer

Einmal im Jahr am Meer den Alltag hinter sich lassen. Das habe sie schon als junge Frau so wertvoll empfunden. Bis heute habe sich da nichts geändert; Meer und Sonnenuntergänge erlebe sie noch immer, wenngleich auch nur noch von einer schicken Hotelterrasse aus. Bei einem guten Glas Chianti, an dessen Qualität sie aber seit Langem schon zweifle. Richtig bemerkt habe sie das vor einem Jahr. Da habe ihr der Chianti, trotz Meer und Sonnenuntergang, sowas von widerstanden. War zu Hause auf dem Balkon gar ungenießbar gewesen.

Diesen Sommer aber sei ihr was wirklich Schlimmes durch den Kopf gegangen. An den Abenden. Auf der schicken Hotelterrasse. Bei Chianti. Da habe sie den Wunsch verspürt, dass es nicht nur die Sonne sein solle, die jetzt im Meer versinkt ...

Maske

In einem Straßengraben lag ein toter Hund. Auf den ersten Blick sah es so aus als läge dort ein Mensch. Aber es war nur ein großer Hund, mit großen Augen und einer Stupsnase, aus der, bei näherer Betrachtung, aus einer bizarren Verletzung ein Strom von Blut geflossen war, das sein Gesicht zu einer grotesken Maske hat werden lassen.

Notizen

Wie lässig die Flügel das Blau durchschneiden! Wie Killerwale das Meer! Hart und weich harmoniert.

Ein Tier folgt einem anderen Kodex: Schnappt bei jeder Umdrehung nach dem Schattenwurf. Vielleicht aus Spaß. Vielleicht reflexgesteuert. Was käme noch in Betracht?

Olympia! Und die Sportwelt wiedermal, welch Überraschung, im Dopingsumpf! Ist doch irgendwie auch beruhigend, weil alles wie immer ist (hihi)!

Aber dann diese mediale Empörung! Man kriegt die Krise. Dabei wäre das Problem doch simpel zu lösen: Machen lassen, Punkt! Und bei der Siegerehrung Kante zeigen. Eine Lautsprecherdurchsage starten, wie am Bahnhof: Gold für blablabla – mit freundlicher Unterstützung der Pharmaka und so weiter. Das wär' doch mal ein Highlight – ihre Gesichter dann! In Nahaufnahme!

Okay, Mittelchen hin oder her, schlussendlich geht's eh' immer nur um die Kohle. Und um Millionenverträge, Geld stinkt nun mal nicht.

PS: Das Tier, vielleicht möchte es ja auch einmal ein Sieger sein. So einer, wie es die Herrchen und die Frauchen sind, Punkt, Punkt, Punkt.

Ach, die Herrchen und Frauchen. Die Eliten! Und lange nichts. Und irgendwann, all die anderen, die Versager eben, die da ja auch noch kreuchen und fleuchen.

Okay, in der Natur gilt eben nun mal das Gesetz des Stärkeren! Und des Intelligenteren! Und wir sind eben nun mal die Stärkeren. Und die Intelligenteren. Eben Ebenbild, basta!

Moment! Ebenbild? Aber das würde ja bedeuten ... Gott – auch ein korruptes Arschloch? Na denn, Prost!

Trost: Bis dato nichts durchgesickert, hurra!

Also cool bleiben! Nerven schonen! Wie auch immer, ich kann's mir nicht vorstellen, dass Gott, müsste er gegen einen anderen Gott antreten, so bescheuert wäre und dieses Zeug schlucken würde! Ja wenn's der nicht checkt, wer dann?

Genaugenommen ist es ja eh scheißegal, wer was wo und wie oft schluckt oder auch nicht schluckt. Im Endergebnis kommt immer dasselbe bei raus: Die Korrupten auf dem Planeten sind WIR, wer denn sonst!

Okay, ist vielleicht ganz gut so, dass der da oben dann doch ein Quäntchen schlauer ist als seine sogenannten Ebenbilder, die, und da kannst du einen drauf lassen, sich längst die Hirnwindungen wundscheuern, wie es anstellen, um auch ihn in Punkto Korruption endlich bespitzeln und kontrollieren zu können (hihi).

Allein schon der Gedanke: ER – auch ein korruptes Arschloch ...?

Oh Gott, oh Gott, der Dammbruch, wenn dem so wäre – eine apokalyptische Vorstellung!

Fazit: Also bislang alles palletti – so wie es ist?

Also nicht die Muscheln und die Papageien?

Also nicht die Schildkröten und die Wale?

Und schon gar nicht die Bäume und sonstiges Gestrüpp?

Also scheißegal, ob all dieses Grünzeug uns um Jahrhunderte überlebt? Also alles palletti, wir – und nur WIR – die Elite?

Fazit: Dann mal weiter so, ihr Eliten! Ihr Erfolgreichen! Halleluja!

Ist ja eh alles nur eine Frage der Zeit, bis auch ihr offenen Auges ins Absurde driftet!

PS: Ich habe gelesen: Als ein Geschöpf Gottes nehme der Mensch eine herausgehobene Position ein. Doch bedeute dies keine selbstherrliche Privilegierung, sondern unterstreiche die Verantwortung des Menschen für die Schöpfung.

Puh, gut zu wissen! Na denn: Schlafe, mein Kindelein schlaf irgendwer hütet die Schaf' ...

Notenblatt

Jemand hat auf ein Notenblatt gekritzelt: Die Windmühlen, mit welcher Leichtigkeit sie doch den blauen Himmel zerschneiden! Vielleicht aber streicheln sie ihn ja auch nur. Und alles tun sie leise. Aber die Raketen nicht, da wo du bist! Die zerstören nur, die Raketen, da, wo du bist! Die zerfetzen den blauen Himmel, die Raketen, da, wo du bist! Und dein Gott? Der hört und sieht nichts, dein Gott! Den hast du ja so ganz tief hineingesperrt in dein Herz, deinen Gott! Der nichts hört und nichts sieht! Dann lass dich doch zerfetzen für ihn, du Idiot! Oh, du Idiot!

Nobeljeep

Er habe einmal mit einer Freundin in Ägypten Urlaub gemacht.

Schon am zweiten Tag habe er sich einen lang ersehnten Wunsch erfüllt: Er hat einen Geländewagen der Nobelmarke *Hammer* gemietet, inklusive Lunchpaket und Getränke. Es aber mit der festgelegten Route und den Sicherheitsauflagen nicht so genau genommen. Sie seien dann auch prompt fernab der vorgeschriebenen Strecke, im Niemandsland steckengeblieben. Alle Versuche, den tonnenschweren Allrounder in dieser gespenstisch schönen Sandhügellandschaft wieder freizubekommen, seien buchstäblich im Sand verlaufen.

Er sei, als die Freundin von Minute zu Minute immer gereizter mit dem Handy in der Hand rumgestakst sei, ehe sie sich in den Wagen verkroch, mit dem Fernglas einen der Hügel hinaufgegangen, die Umgebung zu erkunden. Dabei sei ihm ein kleiner, dunkler Punkt aufgefallen, der sich markant von allen sonstigen Markierungen abgehoben habe. Er habe auch gemeint, dass sich dieser kleine, dunkle Punkt bewege, mal schnell, dann wieder kaum merklich. Er habe, um das noch genauer herauszubekommen, sich Fixpunkte eingeprägt. Sicher hätte er in Bälde auch zweifelsfrei feststellen können, ob – und wenn ja, in welche Richtung – sich der kleine, dunkle Punkt bewege, wenn nicht ausgerechnet in diesem Moment, nach knapp drei Stunden schon, ein Pickup vom Hotel angerauscht wäre.

Jetzt wisse er aber gar nicht, warum er das mit dem kleinen dunklen Punkt überhaupt erwähnt habe. Es sei ihm doch nur um diese Panne mit dem Nobeljeep gegangen.

Ohne Limit

Sie habe die Zeit zur Freundin. Sie hat an ihr nichts auszusetzen. Sie ist ihr liebster Zeitvertreib. Sie lächelt, wenn sie sage, dass so viele keine Zeit hätten. Sie sagt, dass die, die das sagen, nicht wissen, was sie da sagen. Sie nehmen sich nicht die Zeit, sich mit ihr zu beschäftigen.

Sie habe die Zeit zur Freundin. Sie habe an ihr nichts auszusetzen. Sie verlange nichts. Sie werfe sie nicht aus ihrer Bahn. Sie lasse sie sein, wie sie sein möchte. Sie nörgle nicht. Sie verbringe alle ihre Zeit mit ihr.

Manchmal verstecke sie sich vor ihr. Dann wird das Wiedersehen zu einem großen Erlebnis. Und das Geringste zum Wertvollsten.

Wir haben uns zum besten Freund. Wir haben nichts auszusetzen aneinander. Wir können sein, wie wir sein wollen. Wir sind immer kompatibel. Wir haben vor nichts Bammel. Wir kennen keinen falschen Ort und keine falsche Zeit. Wir verlieren nicht unsere Balance. Und schieben uns nicht den Schwarzen Peter zu. Wir bleiben ungeschminkt. Und packen, wann immer wir wollen, unsere Taschen. Wir sind die Drachen ohne Schnüre. Wir können uns immer aufeinander verlassen. Wir kennen kein Limit. Und wir haben nicht vor, uns zu ändern.

Pessimist

Sie haben sich beim Joggen einen vermeintlich unauffälligen Wettstreit geliefert. Als dieser mit einem sich gegenseitigen Angrinsen in einem Patt geendet hat, war es der Auftakt einer Unterhaltung, die für sich sprach. Der eine sagte zum anderen, dass er, im Gegensatz zu ihm, auch ohne einen Puls- und Herzfrequenzmesser ganz passabel zurechtkomme. Erst recht beim Joggen. Er, im Gegensatz zu ihm sei auch gerade deshalb ein zufriedener Erdenbürger, weil er keinen Fernseher und keinen Laptop habe. Und auch kein Handy und keine Kreditkarte. Und erst recht schon keinen Puls- und Herzfrequenzmesser benötige, um mit seinem Körper, mit dem er immerhin seit Jahrzehnten schon auf du und du stehe, bestens klarzukommen. Er spiele sogar mit dem Gedanken, auch auf sein Girokonto zu verzichten, was einem aber, wen wundert's, ja nahezu unmöglich gemacht werde. Es genüge ihm schon vollauf, wenn er einmal in der Woche im Pressehaus, das keine hundert Meter entfernt von seiner Ein-Zimmer-Wohnung liege, bei einer Tasse Cappuccino die Tageszeitung durchblättere, um sofort wieder, wen wundert's, mit immer der gleichen Scheiße konfrontiert zu werden, die ihm jedes Mal wieder sein lädiertes Weltbild aufs Neue bestätige. Und es sei dann nur wieder diese Vorstellung, die ihn etwas tröste und ärgere zugleich, dass, wenn dann doch eines schönen Tages die Stunde gekommen sei, in der eine Superbombe mit apokalyptischer Zerstörungskraft alles bis dato Gekannte in den Schatten stelle, es dann der einzige Wermutstropfen sei, dass dann auch er mit sehr, sehr hoher Wahrscheinlichkeit die Pulverisierung der Superarschlöcher nicht mehr genießen würde können.

Pit

Mit dem Nachtzug sind wir nach Paris gefahren, Pit und ich.
Hungrig und müd früh morgens angekommen. Und haben noch stundenlang die Straßen nach einer Unterkunft abgeklappert.
Wir sind ziemlich mittellos nach Paris gefahren, Pit und ich. Und haben gleich nach der Ankunft in einem Bahnhofkiosk mit Heißhunger ein viel zu teures Baguette verschlungen, ehe wir uns mit unseren Rucksäcken und müden Augen auf Quartiersuche machten. An einer rostfarbenen Fassade entdeckten wir ein Schwarz-Rot-Gold Fähnchen.
Die Inhaberin der kleinen Pension zeigte uns ein Zimmer mit Doppelbett. An Ende Gang, douche et toilette, sagte sie.

Pit konnte es kaum erwarten, an jenem Fleckchen Erde zu stehen, das nicht im Louvre und nicht in einem anderen Prachtbau zu finden war, dieses Fleckchen Seligkeit – der Grund, warum Pit und ich mit dem Nachtzug nach Paris gefahren sind, um in dieses steinerne, sanft geneigte Antlitz des Dichters blicken zu können, den er bewunderte wie niemand sonst auf der Welt. Und ich erinnerte mich wieder an die Scherzfrage, als ich Pit einmal frotzelnd gefragt habe, ob er denn auch noch wisse, wie ein Ball aussähe, und Pit lachend, ist das von Bedeutung?, gesagt hatte.
Wir saßen noch lange unter Bäumen in einem viel zu teuren Straßencafé, Pit und ich. Nicht weit von Picassos ehemaligem Atelier, mit einem fantastischen Blick auf die Stadt Paris, den Pit nicht wirklich wahrzunehmen schien. Und auch nicht die Maler, die Pantomimen und Musiker. Und auch nicht all die schillernd schönen Frauen.
Was immer auch Pit in diesen Stunden seines Lebens hineinließ in sein Herz, in dieser Stadt Paris, auf dem Montmartre – ich weiß es war Grandioses; ich sah's in seinen Augen, in jedem Blick sah ich es, den er mir schenkte.
Mit dem Nachtzug sind wir nach Paris gefahren, Pit und ich.

Weil ich sie satthatte, all die leeren Versprechen seiner Eltern, mit denen sie ihren kranken Sohn zu trösten versuchten, in der Hoffnung, dass sich seine Obsession, einmal am Grab von Heinrich Heine stehen zu wollen, von selbst erledigen würde.

Pit ist tot. Vor drei Wochen ist er gegangen. Man hat mir zwei Hefte überlassen mit Gedichten von Pit. Eines lautet so:

> Ich war ein so böses Kindchen
> mit einem so frechen Mündchen
> Aber dann ist es gegangen
> das so böse Kindchen
> mit dem so frechen Mündchen
> weil doch nie gewesen
> ein liiieb' Menschenwesen – hurra!

Reaktion

Ein Planet auf Kollisionskurs mit der Erde.
Das Ende der Menschheit: In zwei Jahren, drei Monaten, 17 Tagen und jenen Minuten und Sekunden, die eine jede noch existierende Machtstruktur ad absurdum führt.
Die Reaktionen rund um den Globus: Ein Abflauen aller militärischen und sonstigen Konflikte – durch ein noch nie in der Menschheitsgeschichte praktiziertes Miteinander aller Völker, aller Religionen – Tendenz kontinuierlich steigend ...

Ereignisvolles

Als sie sich wieder an dem Ort treffen, an dem vor Jahren etwas Ereignisvolles stattgefunden hatte, das sie nicht für alles auf der Welt vergessen können, sind sie überrascht darüber, wie leicht es ihnen fällt, sich nach all den Jahren wieder an dem Ort zu treffen, an dem sich etwas ereignet hatte, das sie nicht für alles auf der Welt vergessen können.

Resümee

Sie sei wiedermal zutiefst enttäuscht worden. Jetzt gehe sie vorerst keine Metamorphose mehr ein. Jetzt genieße sie ihr Leben wieder, frei nach dem Motto: Viele Himmel – ohne Pimmel. Der Spott tue ihr gut. Alle würden lachen darüber. Und es sei doch auch allemal erträglicher, sich eine ganz große Enttäuschung mit vielen kleinen zu versüßen. An vielen kleinen Bonbons lutsche man doch auch länger, als wie nur an einem großen. Das wisse doch jedes Kind, oder?

Stolz (1)

Sie empfindet keine Genugtuung mehr. Sie ist wieder sie. Ein Blick im Supermarkt, nichts weiter als ein Blick. Ein Blick auf der Straße, nichts weiter als ein Blick. Sie ist wieder sie. Sie schreibt wieder Briefe, die sie nicht abschickt. Die sie am Abend auf das Bett neben sich legt. Die alle mit dem Satz: »Was hat mein Stolz – einer Lüge wegen – aus mir gemacht?«, anfangen.

Stolz (2)

Was hat mein Stolz aus mir gemacht! Jetzt habe ich ihn besiegt. Ich habe keine Veranlassung mehr, stolz zu sein. Stolz auf meine Unnachgiebigkeit. Stolz auf meine Eitelkeit. Stolz, mich so perfekt zerstört zu haben. Dieser Brief soll dir zeigen, dass ich es nicht mehr bin. Und dass ich bereue, es jemals gewesen zu sein. Ich bereue, was ich dir angetan habe. Jetzt bin ich wieder ich. Und du wieder nur du.

Es ist grausam zu wissen, dass ich dich nicht mehr um Vergebung bitten kann. Mich nur in den Nächten mit Weinen trösten zu können. Und zu denken: Warum sollte er dir antworten auf deine Briefe? Dir, die doch jahrelang jeden Brief von ihm unbeachtet ließ, den er dir geschrieben hatte? Die jedes Flehen von ihm, jede Bitte, ignorierte? Warum also sollte er dir schreiben? Dir, die doch jeden noch so kleinen Schmerz, den sie ihm zufügen konnte, genoss?

Jetzt aber will ich dir sagen: Ich bereue. Bereue, dein Leben – und unser gemeinsames, eines Mädchens wegen zerstört zu haben. Eines Mädchens wegen, das sich vorgenommen hatte, dich zu lieben. Und das das schönste Mädchen war, das ich je gesehen habe. Der Gedanke an sie war mir früher unerträglich. Jetzt aber denke ich anders und will dir sagen: Warum denn soll es so undenkbar sein, so ganz ausgeschlossen und unvorstellbar sein, dass ein Mädchen einen Mann zu lieben anfängt, wider besseren Wissens, und ihn – in jeder Sekunde ihrer Liebe – tiefer und tiefer ins Unglück stürzt? Sie ihn – ihrer Jugend wegen – ins Gefängnis bringt? Seines und auch das Leben anderer zerstört? Warum denn soll es so undenkbar sein, so ganz ausgeschlossen und unvorstellbar sein, dass so etwas meinem Geliebten widerfährt? Dass es mein Geliebter ist, der den Reizen eines herrlichen Mädchenkörpers nicht widerstehen konnte? Warum soll es so undenkbar, so ganz ausgeschlossen und unvorstellbar sein, dass man diese schönsten Gefühle, zu denen Menschen fähig sind, trotz Verbot und Strafe dennoch zu fühlen begehrt? Diesen Gefühlen wider besseres Wissen mit Freude unterliegt? Was vermag da – in solchen Augenblicken – ein Gesetz? Eine Strafandrohung? Der Zeigefinger der Gesellschaft? Der Abgrund, in den andere gestoßen werden?

Nicht das Mädchen hat uns zerstört. Ich war es. Und mein Stolz war es. Und meine Sorge um mein Ansehen in der Gesellschaft war es. Und die Blicke der Freunde waren es. Und das Gefühl der Erniedrigung und der Rachelust. Und das Befolgen vieler und schlechter Ratschläge.

Nicht du hast mich verlassen, sondern ich dich. Ich bereue, dir das angetan zu haben, denn in Wahrheit hast du gelitten und längst bereut. Und mich um Vergebung angefleht. Aber ich und mein Stolz haben »Nein« gesagt. Haben dich vor Gericht geschleppt. Haben jedem Ansatz zu einer Versöhnung widerstanden. Ich und mein Stolz haben »Nein« gesagt. Zu allem immer nur »Nein!«

Nicht du hast mich verlassen, sondern ich dich. Und ich war es, die dich verstoßen hat. Die alles angeblich Schlechte, alles das, was andere über dich sagten, begierig aufgesogen hat. Verzeih – wenn du kannst!

Jetzt hat der Krebs mich bald besiegt. Es ist gut, dass wir uns nicht mehr wiedersehen werden. Vielleicht werden wir die beata vita erst dann erfahren, wenn alles Irdische abgelegt ist.

Schicksal

Einmal hatte er beim Losziehen keine Niete erwischt. Da hatte er den Volltreffer. Am Ende der Sommerferien ist es gewesen. Alle hatten schon nicht mehr recht gewusst, was anfangen mit dem Tag. Da waren sie auf die Idee gekommen, per Los über das Schicksal ihres kleinen Gefangenen zu entscheiden. Als das Los das Schicksal des kleinen Gefangenen besiegelt hatte, hatte er eine sofortige Vollstreckung verweigert. Was sein Wort wert sei, wisse man jetzt. Große Klappe, aber wenn's galt, ein Weichei. Das mache sich nicht gut. Und schon gar nicht bei der mit den langen schwarzen Haaren. Nach einer Stunde Bedenkzeit, die er im Wald verbracht hatte, hatte er es getan.

Aber am ersten Schultag schon war ihm das Schicksal des kleinen Gefangenen in unendliche Ferne gerückt: Er hatte erfahren, dass die, die mit den langen schwarzen Haaren, unendlich weit weggezogen war.

Streifzüge

Am liebsten streife ich durch die Stadt. Es erinnert mich an das Kind, das ich einmal war und das am liebsten im Wald oder in den Mais- und Getreidefeldern umherstreifte – Orte, an denen das Kind sich frei und unbeschwert fühlte – wie in der Geschichte »Der Junge mit der Tarnkappe«, die das Kind gelesen hat.

In der Stadt fühle ich mich unsichtbar. Bin ich ein anderer. Einer, den es so nur im Wald und in den Mais- und Getreidefeldern gegeben hat, Orte, an denen das Kind so sein konnte, wie es sein wollte.

Wenn ich eine Freundschaft knüpfe, geschieht das unerwartet. Geschieht das an ungewöhnlichen Plätzen. Bei dem Kind geschah das einmal auf einer Bank neben einer Brunnenschale, aus der ein Mädchen graziös Wasser schöpfte. Der Mann, der auf der Bank saß, war ganz anders als die Männer, die das Kind kannte. Der das Kind aufforderte, sich neben ihn zu setzen. Der mit seiner Hand die Hand des Kindes auf das Harte unter seiner Hose drückte. Mit der Hand des Kindes dort zu reiben anfing. Und bald in Schluchzen ausbrach, so dass das Kind vor Schreck wegrannte.

Ich vermisse keinen besten Freund. Ich habe Fantasie. Ich habe Freunde zuhauf. Ich schreibe lange Briefe an Menschen, die ich nicht kenne. Ich streife durch die Stadt. Ich werde nicht müde, durch die Stadt zu streifen. In tausend Augen zu blicken. In tausend Abgründe. In tausend mal tausend Wünsche.

Ich habe kein Ziel. Ich wähle den Kreis. Ich weigere mich, mir vorzustellen, irgendwann irgendwo anzukommen.

Ich male mit Kreide hellblaues Lächeln auf die Pflastersteine. Ich trage meine Jacke luftig über der Schulter. Ich fühle mich frei bei dem Gedanken, dass bald schon der Regen wieder mit dem hellblauen Lächeln kurzen Prozess machen wird.

Schuld

Jemand hat Schuld an seinem Tod. Aber das Schicksal nicht. Und auch nicht die unvorhersehbaren, unglücklichen Umstände.

Soll ich dir zeigen, wo ich geboren bin? Schon folgte sein Blick ihrem Zeigefinger auf der Karte, der auf einen nordöstlichen Stadtbezirk wies, an dem sie das Licht der Welt erblickt hatte, zwei Kilometer entfernt von einer Klinik, in der zu entbinden für ihre Mutter, wie sie ihr einmal gestanden hatte, es keine Veranlassung gegeben hätte, fünf Kilometer entfernt von dem Ort, an dem sie ihre Jugend verbracht hatte, und von dem aus sie nach einer halben Stunde Busfahrt an dem Gymnasium angekommen war, an dem sie ihr Abitur absolviert hatte.

Im Restaurant »Old Estonia« hatte sie einen Espresso, später noch ein Glas Wein getrunken, an dem Tisch, an dem Fenster, an dem sie mit ihm gesessen hatte, eine ganze Stunde noch, bevor er auf die Fähre musste. Kaum, dass sie sich voneinander verabschiedet hatten, ergoss sich in ihr eine Freude, weil doch gleich nach der langen Nachtfahrt über die stürmische See, gleich am anderen Morgen, nach dem Verlassen der Fähre, gleich nach ein paar Minuten Fahrt mit der Straßenbahn, gleich nach einem kurzen Fußweg bis zu dem Haus, in dem er ein Zimmer in einem Stockholmer Vorort hatte, das sie noch nie gesehen hatte, ihre Sehnsucht doch einen winzigen Trost erhalten würde: Sie würde seine Stimme hören, die ihre Sehnsucht, für wenige Minuten, ganz klein machen würde.

Jemand hat Schuld an seinem Tod. Aber das Schicksal nicht. Und auch nicht die unvorhersehbaren, unglücklichen Umstände.

An sein junges Gesicht erinnert sie sich kaum noch. Aber an jene Stimme, die ihr beim Abschied jene Worte gesagt hatten, die ihr bis heute ein nie mehr gekosteter Schatz geblieben sind.

Sag doch

Ich hab doch alles gesagt. Ich kann dir nichts andres sagen. Versteh doch!

Sie beobachtete ihn mit besorgtem Blick. Es war ihr nicht mehr wohl.

Vielleicht hast du zu viel erwartet. Wir wussten es doch beide. Du wusstest es doch, sag ...?

Nein, sag nichts. Wenn man traurig ist, sagt man immer das Falsche!

Noch 'n Bier?

Bei der Frage »Noch 'n Bier« zog sie reflexartig ihre Hände aus seiner feuchtwarmen Händehöhle.

Du darfst nicht so viel trinken. Das Trinken ändert doch nichts. Komm, sei nicht traurig. Und trink nicht so viel, es ändert doch nichts.

Es waren doch schöne Tage, sag? Denk nicht, dass du mir nichts bedeutest. Du bedeutest mir mehr, als du denkst.

Es war schön, so wie es war, sag doch!

Ich bereue nichts. Denkst du das? Komm, halt mich nochmal fest.

Sie gingen langsam das Trottoir entlang und sie dachte: Ich hab ihn benutzt. Ich hab mich mit ihm gerächt. Ihm was vorgespielt. Auch wenn ich ihn jetzt mag. Ich hab ihm was vorgespielt. Das hätte ich nicht tun sollen. Ich hätte mich nicht auf diese Weise rächen dürfen. Jetzt bin ich doch auch nicht besser.

Auf dem Bahnsteig wirbelten kleine Papierreste auf, als der Zug einfuhr und quietschend zum Stehen kam.

Wir werden uns schreiben. Komm, sag, dass wir uns schreiben werden, ja ...?

Sandkuchen

An der Bettkante, die Füße schon der Erde nah, nur drei Stock höher.

Hinter einem Fenster ein Gesicht, ein Vorhangschieben, nur drei Stock entfernt.

Nescafé und Butterkekse zum Frühstück.

Im Radio das Wetter: Der ersehnte Lichtfleck schon im Fenstereck.

Am Nachmittag geht er zu dem Spielplatz zwischen den Blocks, circa 300 Meter von hier, wo das Leben so hell ist – gleich dem Glitzern am Morgen, das in einem einzigen Augenblick das Fenster mit Licht überflutete bis ins hinterste Zimmereck.

Es fällt ihm heute leicht, die Aufsatzblätter seiner ehemaligen Schüler im Schrank zu lassen, jene unbekümmerte Lebendigkeit, die nur Kinder haben. Die ihm, von Jahr zu Jahr, immer noch kostbarer geworden sind.

Auf dem Weg zum Spielplatz denkt er an die Frau, die er in seiner Fantasie Frau Leonardi nennt.

Hängebrücke überqueren, Trampolinfliegen, Kletterturm hochstürmen ist nur was für die Großen. Die Kleinen, einen Ballwurf weiter, backen Sandkuchen – zusammen mit Frau Leonardi, die, als er sie sieht, wie Licht ist, das ein Fenster überflutet bis ins hinterste Zimmereck.

Auf dem Heimweg bleibt er plötzlich stehen. »Von den Herrschaften da oben sich wieder Sandkuchen backen wünschen«, sagt er und fängt zu kichern an, fast schon wie ein Kind.

Stärker als die Angst

Die Katze kauert reglos unter den Leitplanken des Mittelstreifens, der die zwei Fahrbahnen voneinander trennt. Sie weiß nicht, was geschehen ist, warum sie plötzlich an einem Ort ist, den sie noch nie gesehen hat. Aber etwas ist geschehen, das spürt sie. Das macht ihr Angst, denn sie spürt, dass es nicht an ihrer Kraft und Schnelligkeit liegt, warum sie nicht von diesem Ort fliehen kann. Von diesem Ort, der Gefahr bedeutet. Sie spürt, dass jetzt alles anders ist. Dass all ihre Erfahrung, ihre Kraft und Schnelligkeit nichts nützen an diesem Ort. An diesem Ort ist alles anders als an denen, die sie kennt, die ihr vertraut sind. Das spürt sie. Das verwirrt sie. Das lässt ihren Körper unaufhörlich zucken, beim ersten Versuch schon, einen Schlitz breit ihre Augen einzusetzen, um sich ein Bild machen zu können von der Gefahr, die sie umzingelt. Die sie einschätzen muss, will sie ihr entkommen. Mit ihrer Kraft und Schnelligkeit. Dieser Gefahr, die sie wieder und wieder erzittern lässt. Sie in eine Angststarre zwängt. Ihre Augenschlitze verschließt. Ihr jeden Fluchtreflex vereitelt.

Sie beginnt ihr Fell zu lecken. Das kann sie mit geschlossenen Augen. Das ist wichtig, um geschmeidig zu bleiben. Um schnell sein zu können, wenn es ihr gelingen soll, dieser Bedrohung zu entkommen. Sie muss sich sauberlecken. Sie riecht Befremdendes. Diesen Geruch kennt sie nicht. Er lässt sie zusammenkauern. Sie muss sich sauberlecken. Dazu braucht sie ihre Augen nicht, um sich diesen Geruch aus dem Fell zu lecken. Sie muss sich drehen. Muss sich mit ihren Vorderläufen abstützen. Muss ihre Hinterläufe an sich ziehen, um sich diesen Geruch, den sie nicht kennt, abzulecken. Aber ihre Hinterläufe gehorchen ihr nicht. Das versteht sie nicht. Sie sind doch kräftig im Absprung. Und ausdauernd. Für ein paar Momente verharrt sie. Die Geräusche ringsum dröhnen in ihren Ohren. Aber etwas in ihr erinnert sich an diese Geräusche. Die sich jetzt wie Schmerz in ihr ausbreiten. Sie zittert. Sie kann das Zittern nicht beherrschen. Und nicht den bedrohlichen Geruch, der immer mächtiger aus ihr kommt. Sie muss ihre Augen einen schlitzbreit auf diese Bedrohung richten. Für einen Moment gelingt es ihr. Aber das Zittern ist stärker. Sie beherrscht es nicht. Es macht ihr das Luftholen immer schwerer – bis sie nachgibt.

Irgendwann in der Nacht hat noch einmal eine Kraft sie sich aufbäumen lassen. Und das Zittern ganz klein gemacht. Und ihre Augen ganz groß. Und mit großen Augen hat sie noch einmal in den schwarzen Himmel hineingerochen. Und sich noch einmal ganz stark gefühlt. Noch stärker als die Angst …

Schneckenkönig

Der Schneckenkönig hat die höchste Stelle erreicht. Lange hatte er an dem bemoosten Stein gewartet. Nun ist die Wärme des Tages feucht geworden, als er den Stein hinaufkriecht, seine Augen auf die vorbeihuschenden Schatten ausrichtet, die ihn jedes Mal zusammenzucken lassen. Aber die abendliche Feuchte und die Stimmung, die ihn jetzt beherrschen, spornen ihn zum Weiterkriechen an, diesem Lockduft entgegen, der schon so nah zu sein scheint, dort bei diesen vibrierenden, huschenden Schatten, derentwegen er immer und immer wieder zusammenzuckt, die ihn aber nicht daran hindern können, sich dieser Verlockung zu nähern.

Sein muskulöser Körper stellt sich auf, seine Fühleraugen orten den Duft, der ihn weglockt von seiner feuchtwarmen Umgebung, hin zu dieser harten und rauen Oberfläche, die seinen muskulösen Kriechfuß zu mehr Schleimbildung anregt, um noch zügiger voranzukommen.

Der kaum wahrzunehmende und im gleichen Moment auch schon wieder entschwundene Schatten hat ihn nur andeutungsweise noch zusammenzucken lassen, nur andeutungsweise noch Augen und Kopf in sein Spiralenhaus zurückziehen lassen – als schon im gleichen Augenblick der Liebende überrollt wird. Seine Liebespfeile konnten es nicht verhindern.

Sehnen

Den ganzen heißen Tag lang streifte er durch die Stadt.

Erst spät am Abend kehrte er zurück in sein Hotelzimmer und schaute noch lange, am Fenster stehend, auf die gegenüberliegenden Hauseingängen, in denen die Frauen standen. Einige von ihnen auch auf- und abgingen. Und er sich wieder auf das Bett legte und wieder an die Liebespaare dachte, denen er begegnet war, einen ganzen heißen Tag lang. Die nichts von ihm wissen. Die nicht wissen, dass er an ihnen vorbeigegangen ist. Und nicht wissen, dass sie an ihm vorbeigegangen sind. In ihrer Stadt, die er einen heißen, langen Sommertag durchstreift hatte.

Noch lange starrte er auf die Decke seines Hotelzimmers, auf die durchs Fenster huschenden Lichtreflexe auf der Wand, gegenüber dem Fenster, wo unten auf der Straße die Frauen auf- und abgehen, und hin und wieder das Zuschlagen einer Autotür zu hören war.

Showtime

Eine »Show hoch drei« sei das doch. Manchmal springe er ja über seinen eigenen Schatten. Aber dann werde er augenblicklich wieder eines Besseren belehrt. Nein, das könne er sich nun mal bei aller Liebe nicht antun, sich auch noch die Wettervorhersage von Gestern wie ein Vier-Gänge-Menü zelebrieren zu lassen. Diese gestikulierenden Selbstdarsteller habe er gründlich satt. Die tue er sich nun beim besten Willen nicht mehr an. Mittlerweile habe er sich auch eine zweite Fernbedienung angeschafft. Man wisse ja nie. Er, jedenfalls, lasse sich von keinem dieser wichtigtuenden »Sturmböenankünder« mehr den Fernsehabend vermiesen. Der Stromverbrauch sei da schon Ärger genug.

Stundentakt

Zwei kleine Käfer rennen über eine Straße. Einer wird überrollt. Man erkennt nichts mehr von ihm. Dass das passieren kann, wissen die kleinen Käfer nicht. Dass das den intelligenten Platzhirschen im Stundentakt passiert, scheinbar auch nicht.

Schein

… und mit Routine ordnet sie vor dem Spiegel wieder ihr Haar. Mit ein paar Glanzpünktchen betont sie wieder die Bedeutung ihrer Augen. Und wieder hätte man schwören können, in ein glückliches Gesicht zu blicken …

Schein-Heilige Zeit

An diesem Flecken in der Stadt verändert sich wenig, mal abgesehen davon, dass zu der unendlichen Geschichte: Minibaustelle, eine Maxibaustelle hinzugekommen ist. Aber die vielen Cafés, die Konsumtempel, die Boutiquen der S- und M-Größen, dominieren auch weiterhin das Straßenporträt, vielleicht mit der kleinen Macke, dass ein regionaler Buchladen aufgeben musste, dafür aber, an exklusiver Stelle, ein ganz großer Neueröffnung feiert. In den die Leute jetzt nur so hineinströmen. Man kann dort außer Büchern noch alles Mögliche andere entdecken und kaufen. Vielleicht nur noch keine Textilien oder Wurstwaren. Man schlägt viele Fliegen mit einem Klatsch. Man kann Kaffee mit Kuchen genießen und, wie beim Frisör, nebenbei in einem Hochglanzmagazin blättern. Und sich auch die Kuchen und Tortenstücke einpacken lassen.

Man kann nahezu für jeden Anlass ein Geschenk entdecken, auch kleine und größere Mitbringsel. Und in der Schnäppchenecke alle die Bücher finden, die vormals, noch vor einer Woche, das Doppelte gekostet hätten. Man kann es sich aber auch mit einer Lektüre, die man gar nicht vorhat zu kaufen, in einem der Lesesessel gemütlich machen, oder auch nur so tun, als ob – und in Wahrheit nur Spaß am Leutebeobachten haben. Und dabei auf allerlei Gedanken kommen, die man, wenn man es wollte, in eines der »Notizbücher für Schriftsteller« schreiben könnte, die es für Schriftsteller extra zu kaufen gibt. Aber ansonsten ist in diesem Teil der Stadt alles wie immer: Es harren noch immer dieselben Freischaffenden in der Hitze oder in der Kälte, wie jetzt, auf den Pflastersteinen vor den Cafés, den Konsumtempeln und Boutiquen der S- und M-Größen aus, um ihr Geklöppeltes oder Gehäkeltes oder Geflochtenes oder Gemaltes an den Mann zu bringen. Das ist ein hartes Geschäft. Vielleicht war die Kälte oder der bevorstehende Heiligabend der Auslöser, warum ich dem, der seine Bilder anbot, eines für 39 Euro abgekauft habe, die Summe, die er für eine kleinere, schon gerahmte Federzeichnung verlangte, die ich, hätte ich die Begabung, die er hat, nie und nimmer unter 50 Euro herausgerückt hätte. Aber was weiß ich schon. Ich musste noch nie auf einer Straße stehen, um meinen Lebensunterhalt aufzubessern. Und schon gar nicht an einem Heiligabend.

Ich habe dem Künstler einen Fünfziger und viel Glück in die Hand gedrückt und ihm schöne Weihnachtstage gewünscht.

Sieger

Wenn es bevorstünde, würde es einfach geschehen. Nichts und niemand, kein Gottvertrauen, keine Macht, kein Geld der Welt würde es noch verhindern können.

Wenn es bevorstünde, würde es einfach geschehen. Und wenn es geschieht, werden im letzten Augenblick der Menschheit all jene, die seit Menschengedenken schon immer nur die Verlierer waren, die Sieger sein.

Sonntage

Sonntage seien ihm ein Graus. Vertrödelte Zeit seien sie, zum Rumhängen verurteilt. Ausschlafen, Spaziergänge, Radfahren und, und. Wenn er nur daran denke, werde es ihm schon speiübel. Sein Bio-Rhythmus und alles Drumherum sei auch so bestens in Schuss. Und sein Körper reagiere allemal auch ohne dies ständige Gepiepe auf die Minute genau. Man wisse ja heutzutage, mit welchen Raffinessen man schon beim Aufwachen manipuliert werde. Er, jedenfalls, lasse sich da auf nix und niemand ein. Und schon gar nicht werde er seinen geliebten Wecker gegen so ein elektronisches Monster eintauschen. Das leise Vor-sich-hin-Ticken seines analogen Wachmachers, das sei doch Meditation pur. Mehr brauche der Mensch nicht.

Aber dann die Sonntage wieder. Störenfriede seien sie, die jedweden Rhythmus gnadenlos durcheinanderbringen. Aber mittlerweile habe er auch das im Griff, seit er seinen geliebten Wecker dazu überredet habe, sich an die sonntägliche Messfeier anzupassen. Ja, gar richtig Spaß mache ihm jetzt so ein Kirchgang, insbesondere dann, wenn's dem Ende zugehe und der Mesmer sich wieder auf den Weg in Richtung Gottes Pforte mache, um die Herausschleichenden mit einem wohlwollenden Zunicken ins Weltliche zu verabschieden, wenngleich auch böse Zungen behaupten würden, dass der Mesmer nur deshalb an der Pforte stehe, um den perfekten Überblick darüber nicht zu verlieren, welche Schäfchen durch Anwesenheit glänzten und welche nicht, jeder wisse ja um dessen unheimliches Namensgedächtnis. Der Mesmer, dieser Begabung wegen, ja auch schon bei Gottschalks »Wetten, dass« gewesen sei – mit durchschlagendem Erfolg.

Sommer

Und dann dachte er wieder an jene Julinacht, als sie zu ihm sagte, dass es ihr schwerfalle, wieder gehen zu müssen. Auch wenn sie sich freue, bald wieder daheimsein zu können, der Abschied falle ihr schwer. Es aber besser sei, wieder heimzureisen, ehe alles nur noch komplizierter werde.

Komm, hatte sie gesagt und gelacht, lass uns den Sommer genießen! Du und ich sind auf dieser Erde, sie wäre doch ohne uns um so viel, viel ärmer!

Komm, ich möchte dich wieder fröhlich sehn. Ich kann doch nur die sein, die ich bin. Und alle die schönen Momente zwischen uns, zu wissen, dass ich sie gewesen wäre, ganz allein nur ich! Ist das nicht ein wunderwunderschönes Märchen?

Komm, wir wussten es doch beide, dass es nicht richtig gewesen wäre. Wir wussten es doch, sag ...

Komm, wir sind auf dieser Erde. Es ist Sommer – unser Sommer!

Traum

Er habe einmal einen Traum gehabt, an den er sich genau erinnere. Die Häuptlinge aller Indianerstämme des amerikanischen Westens hatten sich mit ihren Frauen und Kindern auf den Weg in eine große Stadt gemacht. Dort angekommen, hatten sie sich auf eine Straße gesetzt und den entsetzten Bürgern still zugelächelt. Binnen einer Stunde hatte der Sheriff mit dutzenden Hilfskräften den Straßenbezirk umstellt. Binnen eines halben Tages, ein Oberst mit seinem Regiment die ganze Stadt. Aber die Häuptlinge, die Frauen und Kinder hatten nur still lächelnd dagesessen. Und da habe er im Traum einen Traum erlebt. Er habe einen Häuptling gesehen, der, nicht wie es die Geschichte belege, sein Leben um die Weihnachtszeit im Jahr des Herrn 1890 auf einem verschneiten Schlachtfeld am Wounded Knee verloren hatte. Der, mit sich im Frieden, in einem Bett mit weißem Laken in der Stadt eingeschlafen sei, in der Jahre zuvor, die Häuptlinge aller Indianerstämme des amerikanischen Westens mit ihren Frauen und Kindern still lächelnd auf einer Straße gesessen hatten.

Ticket

Das zerrupfte Milchbrötchen zerdrückt der nahezu zahnlose Mund geduldig, bis Kruste und Weiches einen Brei bilden, den er schlucken kann. Zwei Milchbrötchen vom Vortag, die er zum halben Preis bekommt, manchmal auch geschenkt, abhängig davon, mit welcher Verkäuferin er es in der Bäckereifiliale zu tun hat. Am Abend, bevor sie schließt. Wenn er das Frühstück für den nächsten Tag kaufen will. Zwei Brötchen vom Vortag. Mehr benötigt er nicht. Mehr wäre auch nicht gut. Mehr würde ihm schwerfallen, auf lange Sicht mit fast nichts auszukommen. Er ist zäh. Er geht nicht betteln. Er wühlt in keinen Containern. Er hat seinen Stolz. Weil man ohne Stolz ein Niemand wäre. Auch vor sich selbst. Ein Niemand sein heißt leer sein. Er ist kein Niemand. Er bezahlt für sein tägliches Auskommen. Er besorgt es sich nicht heimlich, nicht bei Nacht und Nebel. Und nicht bettelnd. Er ist kein Niemand. Er wird fotografiert. Aus Mitleid von denen, die nie wirklich verstehen. Aus Neugier von denen, die ihren gelungenen Schnappschuss belächeln. Oder aus ganz anderen Gründen. Die ihn nicht interessieren. Ihn wärmt die Sonne, wenn hin und wieder der Auslöser einer Kamera klickt. Eines kuhledernen Cowboyhutes wegen. Zotteligen Silberhaares wegen. Das ihm fast bis zur Schulter reicht. Und sein Gesicht verhüllt, durch das er das Leben wie durch einen Vorhang wahrnimmt, ohne selbst wirklich wahrgenommen zu werden. Er ist einer mit Ausdauer. Dazu gehört Mut. Und Geduld. Er beugt sich nicht. Er hat den Tod zum Kumpel. Er hat alles. Auch einen kuhledernen Cowboyhut. Und zotteliges Silberhaar. Und den Tod zum Blutsbruder. Auf einen Blutsbruder ist Verlass. Er hat alles. Er wühlt in keinem Container. Er bezahlt. Er hat die Sonne im Rücken. Und wenn die Sonne geht, geht er mit ihr. Das Ticket hat er immer in der Tasche.

Treue

Als sie plötzlich und mit entschlossenem Blick sagte: »Nein, das möchte ich nicht!« da wusste er, dass es zu Ende war, dass sie sich für den entschieden hatte, dessen Leben oder Sterben von einer Maschine bestimmt wird. Neben dem sie sitzt, auf einem Stuhl, Abend für Abend, so lange immer, bis man sie wieder bittet, nur für ein paar Tage, eine kleine Auszeit zu nehmen. Eine Abwechslung. Weil das wichtig sei. Und sie verabschiedet sich wieder von ihm. Von dem, mit dem sie sich alles Glück der Welt teilen wollte, das schon, noch bevor es begonnen hatte, an einem Junitag auf einem Feld, in das er mit seinem Kriegsgerät stürzte, zu Ende war.

Man nickt ihr freundlich zu, als sie den Stuhl zurück an die Wand schiebt, das Zimmer verlässt. Um wieder für ein paar Tage auszuspannen. Und abzuschalten. Weil das wichtig sei. Weil sie auch an sich denken müsse. Und doch auch wiederkommen möchte, gestärkt, voller mutiger Gedanken. Weil er das so gewollt hätte. Ganz bestimmt.

Träumer

Den eingedellten Hut hat sich der schlafende Vagabund tief in die Stirn gezogen, als könne er so seine Träume noch intensiver erleben, alles Zuwiderhandelnde ins Gegenteil verkehren, um auch einmal – eine Traumphase lang, nur ein Geliebter zu sein, ungeachtet seines zerschlissenen Kittels, aus dessen Brusttasche ein Pack zerknitterte A-4 Seiten lugen, die bei jedem Atemzug gegen sein auf die Brust gekipptes Silberkinn stoßen, was den Schlafenden aber, die blaugeäderten Hände im Schoß, nicht zu stören scheint. Und ich, von einem Übermut beflügelt – eines einzigen Wortes wegen, das ich auf einem der Blätter entziffern kann, das Verlangen verspüre, dem Dösenden seine Aufzeichnungen zu klauen, als es schon im selben Moment hinter seinen geschlossenen Augenlidern wild zu zucken beginnt. Ich, anstatt mir die Blätter noch beherzt zu schnappen, dieses Blickes wegen in das Reich von Hekate, mein Mut mich schon wieder verlassen hat, ich schon wieder zu all denen gehöre, die es wohl nie wirklich wagen würden, gegen den Strom zu schwimmen.

Traumprinz

Jetzt hat sie ihn gefunden. Ein Autounfall hat ihn hergezaubert. Und der Verlust ihres Beines. Jetzt hat sie ihn gefunden. Ihren Prinzen. Ihren wahrhaftigen Traumprinzen. Der sie nie wieder verlässt. Der jetzt für immer in ihrem Herzen thront. Das keinen Ausgang hat.

Trauma

Breiiges verstopft seine Mundhöhle endgültig.

Er wähnt seine Augen aufgerissen. Aber alles, was er wahrnimmt, ist eine über ihn ausgegossene Schwärze. Die ihm ein Luftholen nicht mehr ermöglicht. Die ihm den Brustkorb zu einem Buckel verbiegt. Der in jedem Augenblick aufzuplatzen droht – ohne noch einen letzten, einen allerletzten Schrei hinaus, in die von Irren beherrschte Welt.

Tragödie

Die Mauern hat er dick gemauert. Ein gutes Haus braucht starke Wände. Und einen Stall für die Hühner und für die Schweine. Der Schlachter hat ihm auch schon ein Schwein abgekauft. Und auch mehrere Hühner. Aber jetzt muss er einen Zaun ziehen. Es kommen immer mehr Füchse. Und Wildschweine. Die müsste man abschießen. Aber er hat keine Flinte. Ein Zaun muss reichen. Die Frau liebt doch ihren Garten. Aber die vielen Steine sind eine Plage. Aber der Großvater ist wohlauf. Er sagt, ein Zimmer mit so viel Licht habe er in seinem ganzen Leben noch nicht gehabt. Und die Kinder werden ja auch größer. Ein Zimmer mehr ist da kein Luxus. Er hat an alles gedacht. Auch an ein Schild für die Tür. Dann können die Leute seinen Namen lesen. Mit einem Namen ist man doch wer. Er hat an alles gedacht. Und ein gutes Haus gebaut. Eines mit starken Wänden. Und mit einem Schild an der Tür. Aber die Wände und die Regale haben zu wackeln angefangen. Es hat doch ein gutes Haus gebaut. Eines mit massiven Wänden. Die Frau hat die Kinder an sich gedrückt. Und die Mauern sind zerbrochen. Es waren doch starke Mauern. Er hat doch ein gutes Haus gemauert. Mit einem Schild an der Tür ...

Für Irene Abraham (Wien)

Ungewisses

Bevor ich aufbreche ins Ungewisse, schreibe ich Dir diesen Brief – nach viel zu langer Zeit, wie ich finde.

Die augenblickliche Stille in mir, in diesen Minuten des Schreibens – das bist Du …

Ich wollte Dir schon oft schreiben. Habe es aber immer wieder aufgeschoben, was ein Zeichen dafür ist, dass ich es am liebsten verdrängen wollte, denn es fällt mir nicht leicht, gewisse Gedanken und Gefühle, die mich belasten, ohne Aufschub zu bewältigen. Ich bin schwach, ich weiche lieber aus, anstatt mich zu stellen. Aber irgendwann überholen mich die ganzen Unzulänglichkeiten dann doch, und dann trage ich alles unkontrolliert mit mir herum, anstatt es an die Oberfläche kommen zu lassen und für mich zu klären.

Es tut mir weh zu wissen, was ich Dir angetan habe. Ich ahne, was Du Dir gedacht hast, als ich einfach wieder aus deinem Leben verschwunden bin und mich nie mehr gemeldet habe … Es tut so weh, dies zu wissen … In meiner Schwäche weiß ich oft keinen Ausweg und bin hilflos. Nur für den Augenblick fähig zu leben, der mich nicht an gestern und nicht an morgen denken lässt. Das ist irrsinnig kurzsichtig und dumm, aber ich schaffe es nicht, mich längerfristig zu verplanen. Das spontane Erleben und der Augenblick sind wohl die Quellen, aus denen ich meine ganze Energie und Lust schöpfe. Wenn ich anfange zu denken, geht's mir nicht besonders …

Ich weiß nicht, warum ich Dir das alles zu erklären versuche, und doch auch weiß ich es auch. Und dann schon wieder nicht mehr. So bin ich …

Vielleicht verstehst Du – gewiss tust du es –, warum ich Dir nie geschrieben habe und Dir nie wieder schreiben werde.

Oft denke ich, dass ich nicht in diese Gesellschaft passe. Zwar ist sie (noch) Herausforderung, mich mit ihr herumzuschlagen und mich dabei zu prüfen, inwieweit ich mit ihr zurechtkomme. Andererseits aber weigere ich mich entschieden, ihre Regeln zu akzeptieren, die mir zu oft nicht nachvollziehbar und nicht ehrlich genug sind. Ich möchte verletzlich bleiben und offen und freundlich! Und nicht abstumpfen! Und nicht verbittern! Warum verbittern so viele? Warum sind so viele enttäuscht und gewaltbereit? Von Ängsten und Unsicherheit zerfressen und, und ...? Und dann, als einzige Reaktion: Cool sein und harte Fassade zeigen? Mir ergeht es nicht anders, ich verschließe mich ...

Vielleicht, irgendwann, werde ich es schaffen, sein zu können, wie ich nur sein kann. Bis dahin – für Dich alle die Kraft und die Ausdauer und die innere Ruhe und Stille, die Du brauchst – und die ich noch suche ...

Visionen

Er sei schon immer einer mit Visionen gewesen. Einer, der überzeugt davon sei, dass nur der Starke dazu fähig ist, Aufgaben zu lösen und Ziele zu erreichen. Unentschlossene habe er schon immer als Warmduscher angesehen. Steht's habe seine Devise gelautet: Wirst du mit einer Aufgabe betraut, verlange von dir 100 Prozent. Kompromissdenken? Was ist das? An diese Maßgabe habe er sich immer gehalten. Mit Erfolg. Jetzt aber sei alles anders. Jetzt denke er an die, die in ihrem ganzen Leben noch keine Minute so gedacht hätten, wie er. Jetzt wünsche er sich, so zu sein, wie er es sich nie habe vorstellen können: Was es heißt, nur Leben zu dürfen.

Veränderung

Ein Bagger hat auf einer Grünfläche drei Walnussbäume niedergemacht. Mit der Zahnschaufel hat er zuerst den Bäumen die Kronen abgerissen, Ast um Ast geknickt, dann ihre Stämme gesplittert und entwurzelt. Übrig geblieben ist ein großer Holzhaufen. Später hat man den Platz vermessen und kleine Pfählchen mit roten Markierungen in den Boden geschlagen. In der Dämmerung hat sich eine Katze den Veränderungen genähert. Sich neben eines der rot markierten Pfählchen gesetzt, die man in die aufgerissenen Wurzellöcher geschlagen hat.

Mittlerweile erinnert an die Grünfläche und an die Walnussbäume nichts mehr. Auch die Katze ist nicht mehr aufgetaucht.

Verbrechen

Hin und wieder stelle er sein Auto auf diesem Firmenparkplatz ab. Eigentlich tue er das seit 40 Jahren. Nur sei es eben damals noch 'ne schöne Grünanlage mit einem voluminösen Wasserbecken mit riesigen Fontänen gewesen. Und eben genau da sei schon vor vierzig Jahren ein Parkplatz gewesen. Folglich parke er da, wo er schon immer geparkt habe. Und jetzt dieses Theater! Aber er könne es sich schon denken, wem er diesen Schlamassel zu verdanken habe. Es hätte ihn ja gewundert, wenn dem nicht so gewesen wäre. Man kenne sie ja, diese Sesselfurzer, die von morgens bis abends nichts anderes zu tun haben, als aus ihren Bürofenster zu klotzen und unbescholtene Bürger ins Visier zu nehmen. Aber von solchen habe er sich noch nie einschüchtern lassen. Das sei für ihn kein Problem.

Ein Problem sei es jetzt nur, dass so eine blöde Kuh, die bestimmt in ihrem ganzen Leben noch nie vernünftig einparken, geschweige ausparken habe können, jetzt sein Auto touchieret habe. Und natürlich habe das so ein Sesselfurzer von seinem Bürofenster aus beobachtet und sofort den Werkschutz alarmiert. Jetzt habe er, zugegeben, schlechte Karten. Es sei ja klar, dass es dann nur noch eine Sache von Minuten gewesen sei, bis der vom Werkschutz die Parkplakette an seiner Windschutzscheibe als Kopie enttarnt habe. Für so etwas werden die ja geschult. Jetzt müsse er einsehen, dass das ein schweres Verbrechen sei. Dass so ein schweres Verbrechen zur Anzeige gebracht werden müsse. Dass das Eindringen auf ein Firmengelände mit gefälschten Dokumenten nun mal Konsequenzen nach sich ziehe. Da spiele es keine Rolle, dass er da schon immer geparkt habe.

Verliebter

In seinen Gedanken wischt er sich mit der Hand den Regen aus seinem Gesicht, der auf ihn niederprasselt, vor der Schaufensterscheibe, vor der er steht, indes seine Hände jetzt aus den Teiglingen Brezeln zu formen beginnen, die er auf ein Backblech klatsch, in den Turmwagen schiebt – und in seinen Gedanken er sich ausgesperrt fühlt von einer Schaufensterscheibe, die ihn zu verlachen scheint, ihm ihre Stärke entgegengrinst ...

Er hört im Verkaufsraum Stimmen. Das Aufspringen der Kassenlade. Das Schließen. Der Gong der Ladentür, indes er auf die Teiglinge starrt – und in seinen Gedanken er von einer regennassen Schaufensterscheibe angegrinst wird ...

Jetzt zieh nicht so ein Gesicht, sagt der Meister. Du bringst deine Gesellenprüfung bravourös hinter dich. Das weiß ich. Wirst seh'n, hab' ich zu meiner Frau gesagt, der macht seinen Gesellen mit Auszeichnung ...

Er betritt das Geschäft – greift nach dem Himmel aller Himmel – und rennt los. Tritt in die Pedale, immer schneller, noch schneller, schneller – mit dem Himmel aller Himmel am Herzen, in die Pedale. im Slalom über die Gehwege fliegend – in den Himmel hinein ...

Ein Scheppern! Er zuckt zusammen. Zu spät. Auf dem Boden der Backstube liegt ein Backblech deformierter Brezeln.

Herrgott, was ist denn heut los mit dir! Jetzt schau dir diese Sauerei an! Geh und wisch dir den Schweiß aus dem Gesicht. Und dann das Ganze von vorne, sonst wird das nix. Hast du verstanden?

»Sieben Euro neunzig«, wiederholt die Verkäuferin freundlich.

»Ach, jaja«, sagt der ältere Herr schmunzelnd und reicht der Bäckereiverkäuferin einen Zehn-Euro-Schein über die gläserne Bäckerei-Theke.

Visionär

Es sei doch längst überfällig, dass endlich mal einer darüber berichte, worüber es scheinbar nichts zu berichten gebe. Worüber noch nie auch nur eine einzige Zeile geschrieben worden sei. Damit müsse jetzt Schluss sein. Er nehme es jetzt in Angriff, das scheinbar Unmögliche: Zu schreiben darüber, worüber noch nie eine einzige Zeile geschrieben worden sei. Nur weil man ja scheinbar über das Nichts auch nichts berichten könne. Er verstehe aber genau das als Ansporn. Er schere sich einen Dreck drum, dass aus scheinbar guten Gründen sich da noch keiner herangewagt habe. Er glaube schon, dass er mehr Talent dazu habe als der Rest der Welt. Es überrasche ihn absolut nicht, dass auch Google, Wikipedia & Co. nichts über das Nichts zu informieren wissen. Es schrecke ihn aber auch nicht ab. Er werde auch ohne Google, Wikipedia & Co. das scheinbar Nichtexistierende ins Rampenlicht zerren. Er fürchte sich weder vor Gott noch vor dem Teufel, und schon gar nicht vor etwas, das ja scheinbar gar nicht existiere. Er werde es nicht länger hinnehmen, sich Tag für Tag von einem scheinbaren »Nichts« zumüllen zu lassen. Er werde genau da jetzt den Hebel ansetzen, um den Unterschied zwischen dem wirklichen und dem nur scheinbaren Nichts sichtbar zu machen.

Er sei sich dessen bewusst, nur dann eine Chance zu haben, diesem Schein-Nichts, das da Tag für Tag auf uns niederprasselt, etwas entgegensetzen zu können, wenn es ihm gelänge, dieses Schein-Nichts schachmatt zu setzen. Nicht mehr, aber auch nicht weniger habe er sich vorgenommen. Es sei an der Zeit, unmissverständlich aufzuzeigen, dass auch das Blödsinnigste eben alles andere sei als Nichts. Man denke da nur mal an Klopapier …

Spätestens dann müsse doch auch dem Dümmsten ein Lichtchen aufgehen. Müsse es doch auch dem Dümmsten wie Schuppen von den Augen rieseln, dass es nun mal nichts auf diesem Planeten gebe, das gänzlich ohne Sinn und Zweck daherkomme. Dass eben auch Klopapier nun mal nicht nur einer schnöden Notwendigkeit wegen erfunden worden sei – um dann, Blatt für Blatt, sang- und klanglos in den Weiten einer Kanalisation auf Nimmerwiedersehen zu entschwinden. Seit Menschengedenken sei das nun mal schon so, dass es nichts, aber auch gar nichts gebe, was von Menschen erdacht worden sei, das gänzlich ohne eine Botschaft daherkomme. Und da das wahrhaftige Nichts gleichsam Lichtjahre von einem nur Schein-Nichts entfernt sei, sei es umso wichtiger, diesem »Schein-Nichts« auf die Schliche zu kommen. Es gehe hier um Visionäres. Um: bis zum letzten Blutstropfen. Aber er habe da einen langen Atem. Er werde die Behauptung schon noch widerlegen, die da laute: Es sei unmöglich, darüber zu schreiben, worüber noch nie auch nur eine einzige Zeile geschrieben worden sei – mit der kleinkarierten Begründung, dass man schließlich ja über Nichts auch nichts zu berichten wisse. Er – ja, das wiederhole er sehr gerne, habe da aber einen langen, einen sehr langen Atem …

Vater

Der Vater weiß nicht mehr, dass er seit vielen Jahren schon tot ist. Und dass auch er einmal auf dieser Welt gelebt hat. Und dass er einen Sohn hatte. Und er weiß auch nicht mehr, ob sein Leben ein erfülltes Leben war oder nicht. Und ob am Ende seines Lebens das Sterben ein schweres Sterben war oder nicht. Der Vater weiß das alles nicht mehr. Und auch nicht, dass er seit vielen Jahren nur noch aus Asche besteht. Und dass seine Asche in einem kleinen Behälter liegt, wenige Zentimeter tief in der Erdkruste. Und er weiß auch nicht mehr, dass die Asche neben seiner Asche Menschen waren, mit denen er sich unterhalten hatte. Und eine Partie Schach gespielt hatte. Und öfters mal einen Waldspaziergang unternommen hatte. Und lächerlich kleine Freuden mit ihnen geteilt hatte. Und er weiß auch nicht mehr, dass er einmal einen Bruder hatte, den eine Kugel mitten ins Gesicht getroffen hatte. Und dass er neben ihm stand, als die Kugel ihn traf. Und dass die Kugel auch ihn hätte treffen können. An einem Waldrand in Norwegen. Befohlen von einem irren Massenmörder, von dem er auch nichts mehr weiß. Er weiß auch nicht mehr, dass auch sein Vater das Opfer dieses Massenmörders geworden war.

Der Vater weiß das alles nicht mehr. Und auch nicht, dass auf der Erde, auf der auch er einmal gelebt hat, sein Sohn noch lebt, der eine golden eingerahmte Urkunde seines Vaters aufbewahrt. Eine Urkunde, die sein Vater einst zu seiner Ersten Heiligen Kommunion bekommen hat. Und dass der Sohn auch einen Brief von seinem Vater aufbewahrt. Einen Brief, den der Vater an seine Mutter geschrieben hat. Von der Front aus. Und der die schönste Liebeserklärung ist, die je ein Sohn an seine Mutter geschrieben hat.

Vorsehung

Das verdankten sie nur der Vorsehung, hatten sie gescherzt. Man begegne sich nicht so mir nix dir nix an einem Ort, den man in den vergangenen zehn Jahren weniger als zehn Mal frequentiert habe. Da begegne man sich nicht nur mal so wie im Supermarkt. Nein, diese Begegnung könne man sich nur mit dem Wort »Vorsehung«‚erklären. Man war sich einig. Und auch darüber, dieser »Vorsehung« wegen sich gleich nochmal ganz herzlich umarmen zu wollen. Und sich ganz bald für ein Treffen verabreden zu müssen. Man war sich einig. Und umarmte sich gleich nochmal, dieser Einigkeit wegen. Und weil das erste Treffen so bald wie nur möglich stattfinden solle, hatte man dafür gleich den kommenden Samstag festgelegt. Und Freund Hannes einen Rot-Samtweichen, mild vergoren, und seiner Charlotte Süßes-Edeltropfiges-in-Nuss plus Langstiel-Rose überreicht bei der Halli-Hallo-Umarmungsbegrüßung.

Man hatte den Rot-Samtweichen entkorkt. Das Süße-Edeltropfige tischmittig platziert. Und mit einem Rundum-Blick die stilvolle Einrichtung gelobt. Sich zugeprostet. Und auf: »Wenn dir so viel Schönes wiederfährt.« Und auf: »Alte Freundschaft über alles« angestoßen. Und sich immer mal wieder schwungvoll gegen die Schultern geboxt. Und dann, das müsse jetzt sein, so ein Tänzchen in Ehren – bei so 'ner Jukebox, Junge, Junge, da könne man gar nicht anders, als wollen müssen. Das sei ja fast schon so wie damals. Da müsse man doch gleich noch ein Fläschchen entkorken. Bei so 'ner Disco-Night-Stimmung. Junge, Junge, da könne man ganz bestimmt gar nicht anders als wollen müssen! Die Mädels, die warten doch nur drauf! Man schäkerte. Man hörte sich kichern. Manchmal verstohlen, fast heimlich. Und bald sehr heimlich. Und die Jukebox hauchte und ließ das Ausgelassene ganz leise werden. Und das Leise immer noch leiser ...

Und als es Tag werden wollte und der Tag die Jukebox stummhauchte, war alles Leise der Nacht im aufgehenden Blau des Tages verflüchtigt. Und auch das Umarmen wollte nicht mehr recht gelingen, als man sich trennte.

Vernarrt

Platon sagt:

Dass nun die Liebe eine Begierde ist, das ist jedem klar. Wiederum aber wissen wir, dass auch Nichtliebende die Schönen begehren. Wodurch also wollen wir den Liebenden vom Nichtliebenden unterscheiden?

Bitte, geh' noch nicht. Wieder küsst er sie wie ein Wilder.
Du Verrückter, du. Du weißt doch, was passieren wird, wenn …
Geh noch nicht.

Es nützt doch nichts, so zu tun, als wüssten wir nicht, was passieren wird, wenn …

Lass uns noch was total Verrücktes machen, du hast doch keinen Schiss?

Hey, du Verrückter, du willst es einfach nicht wahrhaben, sag?

Und wieder schmeicheln seine Lippen über ihre Brüste, so lange, bis sie es wieder aufgibt, so zu reden mit ihm. Und sie ihm wieder mit ihrer Hand durch sein strubbeliges Haar fährt, mit diesem Blick wieder, von dem er nicht genug bekommen kann. Und nicht von ihren Brüsten, die er, Grimassen ziehend, wieder zu liebkosen beginnt, so lange wieder, bis sie »Ach, du Verrückter flüstert«, mit diesem Lächeln wieder, von dem er nicht genug bekommen kann. Und sie zwischen ihren Lippen zwei Zigaretten anzündet und eine zwischen seine schiebt. Und er zu ihr sagt, »Komm, lass uns was total Verrücktes machen. Du hast doch keinen Schiss …«

Und dann ließen sie sie rollen, ihre nackten, ihre aneinander geschnürten, nackten Körper, den Steilhang hinab – Mund an Mund, Brust an Brust, durchs hohe, strohige Sommergras – als die Sonne hinter den gewellten Horizonthügeln versank.

Und nachdem sie getan hatten, was sie tun wollten, liebkosten sie ihre Wunden, im offenen Heck des Wagens, ihre Wunden, mit ihren mit Blut und Wein verschmierten Mündern – bis sie aufschreckte, bis sie »Wir müssen los!«, brüllte.

Und der Motor heulte auf, die Reifen zerfetzten das strohige Sommergras, der Wagen brachte die Vernarrten zurück – in die Realität.

Vergeblich

Die Wespe schwirrt panisch im Wageninneren an der Scheibe auf und ab. Den Spalt, durch den sie in die Freiheit gelangen kann, entdeckt sie nicht.

Mit hängenden Beinen wie winzige Ästchen, surrt sie rauf und runter – von Minute zu Minute wirrer, ihr Flügelschlagen gegen das, das stärker ist als sie, gegen das sie prallt, sie zum Absturz bring, bis sie ermattet liegenbleibt.

Nach einer Zeit fängt ihr Körper wieder zu pumpen an – mit der Entschlossenheit einer Frau, die auf einem einsamen Weg in einer einsamen Gebirgslandschaft mit ihren Fäusten vergeblich gegen eine unsichtbare Wand schlug.

In der Nacht streift ein Licht ihre Facettenaugen – ihre Fühler und Beine fangen zu tasten an, ihre Flügel zu flirren, eine Weile noch. Und dann liegt sie ganz still.

Verwirrspiel

Also, um das Ganze jetzt mal abzukürzen: Gott, der Verursacher des Urknalls. So weit, so gut.

Daraus resultierend: das Universum, plus aller Paralleluniversen. So weit, so gut.

Daraus wiederum, im Verlauf der Jahrmilliarden das Entstehen von Leben auf der Erde, derart, wie allseits bekannt. (Und auch Gottes Gegenspieler im Erdinneren, will man den Behauptungen gewisser Institutionen glauben.) So weit, so gut.

Kommen wir zu der Gretchenfrage: Und WER, verdammt noch mal, ist der Schöpfer dieses Schöpfers, dem wir den Urknall zu verdanken haben? Und wer ist der Schöpfer des Schöpfers des Schöpfers, der für den Urknall verantwortlich war? Und, last bust not least: Wer ist denn, um Himmelswillen, der Erzeuger dessen von dem die einflussreichen Institutionen uns weismachen wollen, er habe es sich in der Hölle, sprich im Erdinneren, gemütlich gemacht?

Schluss! Bringt alles nix. Dieser Wirrwarr nimmt doch zu statt ab. Und das wird wohl so bleiben bis in alle Ewigkeit. Halleluja ...

Verwirrt

Und ihr Herzmuskel pumpt wie verrückt, je länger sie auf den Ozean starrt ...

Und sie weiß es jetzt, weiß genau, was sie tun muss, um es ihm leichter zu machen, den Weg wieder zu finden. Den er längst vergessen hat. Dieses spinnfadendünne Wegchen durch das Weltall.

Und ihr Herzmuskel pumpt wie verrückt, je länger sie auf den Ozean starrt ...

Und sie weiß es jetzt, weiß genau, dass er ihn nicht mehr wiederfindet, den spinnfadendünnen Weg durchs Weltall, in das er geflüchtet ist. Vor uns. Vor dem, was da passiert bei uns, Tag für Tag. Von dem er die Nase voll hat. Von den Sauereien. Die da passieren bei uns. Tag für Tag. Die er nicht mehr länger ertragen konnte. Und geflohen ist. Ins Weltall hinaus. Um es nicht mehr länger mitansehen zu müssen, diese Schweinereien, die da passieren bei uns, Tag für Tag, Nacht für Nacht, Stunde für Stunde. Und noch in jeder Minute.

Und ihr Herzmuskel pumpt wie verrückt, je länger sie auf den Ozean starrt ...

Und sie weiß es jetzt, weiß genau, warum er sich nicht mehr blicken lässt auf der Welt. Aber ihn mit »An-die-Wand-hängen-Ritualen« missbrauchen! So tun, als würde man ihn vermissen!

Und ihr Herzmuskel pumpt wie verrückt, je länger sie auf den Ozean starrt ...

Den sie im Fernsehen gesehen hat. Von ganz hoch oben. Von so hoch, wie aus dem Weltall. Und ganz blau. So blau, wie sie ihn noch nie gesehen hat ...

Und ihr Herzmuskel pumpt wie verrückt, weil sie jetzt weiß, was sie tun muss. Weil sie den Ozean jetzt ganz blau anmalen muss. So blau, wie er noch nie war. Noch blauer als im Fernsehen. Mit so einem Blau, dass er, der Geflüchtete, gar nicht mehr anders kann, als nur noch zu Staunen. Und sich darüber freut. Und dann wieder zurückkommt. Weil er sich dann doch nicht mehr fürchten muss vor uns.

Und ihr Herzmuskel pumpt wie verrückt, als sie barfüßig über den Holzsteg dribbelt – in der einen Hand einen Eimer voll von dem blauestem Blau, das es gibt auf der Welt, in der anderen einen Pinsel, den größten, den sie finden konnte. Um ihn jetzt anzumalen. Ganz blau anzumalen. So blau, wie er noch nie gewesen ist. Und hüpft jauchzend in den Ozean ...

Wir

Wir wussten noch nichts von einem Handy. Und nichts von einem sozialen Netzwerk. Wir hatten Fantasie.

Wir planten nie im Voraus. Wir liebten es, spontan zu sein. Und kannten keinen Zeitstress.

Wir spurteten mit Elan in die nächste Telefonzelle, in diesen Quadratmeter Intimität, wenn uns etwas unter den Nägeln brannte, das keinen Aufschub duldete, denn wir hassten nichts mehr, als von den Eltern bespitzelt zu werden. Und hatten weder Skrupel, noch ein schlechtes Gewissen, uns für ein »Auf-Leben-und-Tod-Telefonat«, das nötige Münzgeld aus dem Portemonnaie der Eltern zu klauen.

Aber an dem Tag, an dem amerikanische Astronauten zum Mond flogen, flogen wir in einer Telefonzelle, auf die ein schier endloser Starkregen niederprasselte, nicht nur bis zum Mond – du und ich ...

Wieder

Wieder hat sie es geschafft, alle Spuren zu kaschieren. Ihrem Haar wieder eine Form, ihrem Mund, ihren Wangen wieder ein Lächeln, eine Frische zu geben – wären es nicht ihre Augen wieder ...

Wir – nur Wir

Wir lachen über eure Tröpfchen-Taktik. Wir fressen euer Schleimgemixe nicht.

Wir zucken mit keiner Wimper vor euch. Und kennen auch kein Vielleicht und kein Aber.

Wir sind die Unangreifbaren für euch – und die, die das Alles im Köcher tragen – unser Ziel dabei steht's im Focus. Denn Wir sind die, die mit der Zukunft tanzen.

Für Irene Abraham (Wien)

Weißt du es noch?

Dann wäre es nur ein »Hallo.« Eines wie nie zuvor. Eines, das sich in uns schmiegt. Auf unsere Wangen sich legt. An unsere Lippen sich drückt. Und unsere Herzen liebkost, wieder und wieder und wieder.

Vielleicht würden wir sagen, warum erst jetzt? Warum überhaupt noch? Und vielleicht wäre nur Schweigen die Antwort. Und vielleicht würde im Glanz deiner Augenmonde wieder Wehes flackern.

Vielleicht würden wir einen Stadtbummel machen. Vielleicht uns in ein Straßencafé setzen. Und vielleicht uns immerzu an damals erinnern. Und vielleicht würden wir sagen: Weißt du es noch? Weißt du es denn noch? Und vielleicht uns dann lange ansehen und lange schweigen. Und uns immerzu nur schweigend ansehen, so wie damals. Und dann würde vielleicht auch diesen Moment etwas zerstören, so wie damals. Und auch ein Lächeln wieder das Ende sein von etwas, das noch gar nicht begonnen hat.

Wir hatten

Wir hatten eine Hütte am Strand.

Am Abend hockten wir am Feuer und liebten uns solange, bis auch der letzte Vorrat an Treibholz verglommen war. Und dann tranken wir Tee mit Rum und erzählten uns unterm Strandhimmel wieder aus dem Land, aus dem wir kamen.

Am Morgen weckte uns ein Feuerball, der aus dem Meer, dort bei den Fischerbooten, die wie winzige, dunkle Punkte aussahen, aufzusteigen schien.

Wie lange die jeden Tag da draußen sein müssen, fragten wir uns. Aber in hundert Jahren wird keiner mehr da draußen sein müssen, sagten wir. Und alles was nur ist, ist das Jetzt und Heute, sagten wir und umarmten uns. Und schwammen in Richtung der dunklen Punkte, dem Feuerball entgegen, soweit hinaus und dem Feuerball entgegen, wie all die Tage nie.

Am Abend lagen wir wieder nackt im Sand, unsere Hände zwischen den Schenkeln – so lange noch, bis unsere Körper dem Untergrund auch die letzte gespeicherte Sonnenwärme entzogen hatten.

Wartezimmer

Der Arzt sitzt beschäftigt hinter seinem Schreibtisch, als die Tür des Besprechungszimmers aufgeht, ein Mann heraustritt, die Tür leise hinter sich schließt, an den Wartenden vorbei zur Garderobe geht und nach seiner Jacke greift. Ein Kind an einem Spieltischchen kurz aufblickt, als die Ausgangstür schon wieder ins Schloss klickt.

Zeremonie

Sie tunkt den braunen Lappen in eine Emailschüssel, die auf einem Stuhl in der Mitte des Zimmers steht. Das Wasser in der Schüssel dampft. Sie schwenkt den Lappen im dampfenden Wasser. Rubbelt ihn über ihren fleischigen Körper, solange, bis ihre Füße in Lachen stehen, ihr Leib ins Wanken gerät. Aber als sie die Schüssel mit dem Lappen wieder wegträgt. Sie sich in ein kleidähnliches Schwarzes zwängt. Sie sich auf den Stuhl in der Mitte des Zimmers setzt und mit dem Männergesicht zur linken und mit dem Männergesicht zur rechten Seite des Gekreuzigten zu murmeln anfängt, da klingt ihre Stimme, wie die einer Verliebten.

Zwölfeinhalb

Ob er, unser Großer, sich mit den Zwillingen, unseren Kleinsten, das Dachzimmer teilen möchte. Mit Zwölfeinhalb sei er ja der Älteste, sagt die Betreuerin Schwester Marga, nachdem sie den Kindern die Räumlichkeiten gezeigt hat. Und während die Bubenschar wieder in den großen Schlafsaal zurückstürmt, um lautstark auszuloten, wer mit wem in welchem Bett oben oder unten zusammenliegen möchte, steigt Schwester Marga mit dem Großen und den Zwillingen die Treppe ins Dachgeschoß hoch, und der Große fährt in übermütiger Freude darüber, ein Dachzimmer nur mit zwei Pimpfen teilen zu müssen, das ihn bestimmt an sein Dachzimmer daheim erinnern wird, einem der Pimpfe so ruppig durchs Haar, dass dieser mit dem Schuh an der Treppenkante hängengeblieben ist.

Später im Bett denkt er an sein Bett daheim und an das Spiel, das er immer mal wieder mit sich selbst gespielt hat: sich am anderen Morgen, sofort nach dem Aufwachen, an den allerletzten Gedanken vor dem Einschlafen zu erinnern und sich dann doch nie ganz sicher zu sein, ob es denn auch wirklich der allerletzte Gedanke vor dem Einschlafen war, an den er sich erinnert. Aber jetzt sind alle Gedanken an daheim ganz weit weg geflogen. Weil er jetzt wie verrückt zittert. Und an nichts anderes denken kann als an das, was gerade geschieht: Schwester Margas Mund an seinem Mund. Schwester Margas Mund, der flüstert du, mein Großer. Und seinen Mund ganz nass küsst. Und flüstert, soll ich mich neben dich legen. Und flüstert, möchtest du mich da auch streicheln. Und ihre Hand seiner Hand die Stelle zeigt, die sie streicheln darf. Und ihr Mund immerzu, oh, du mein Großer flüstert. Und nicht aufhören will mit Küssen.

Als die Kinder am anderen Tag nach Steinen und Treibholz in einem Wildbach suchen gehen, sieht er weit und breit nirgends Schwester Marga. Nicht am Bachufer, wo die Kinder ihre schönen Steine und Treibhölzer deponieren, und auch sonst nirgends – wo er es doch kaum erwarten konnte, Schwester Marga wiederzusehen. Aber er sieht nur die Pimpfe und all die anderen im flachen Wasser rumstaksen und ihre Steine und Treibholzstücke am Ufer deponieren, die von den zwei Begleiterinnen in Säckchen gesteckt werden, auf die sie mit Stiften die Namen der Schatzsucher schreiben. Aber Schwester Marga sieht er weit und breit nirgends. Und als es wieder 20:30 Uhr geworden ist, er den Pimpfen beim Waschen behilflich gewesen ist und bald darauf ^ auch der Himmel wieder dunkel wurde, liegt er wieder mit rasendem Herzen in seinem Dachzimmerbett. Und denkt an Schwester Marga, die er den ganzen Tag nicht gesehen hat.

Und als der Himmel längst schon ganz schwarz geworden ist, denkt er wieder an sein Dachzimmer daheim. Und an die Pimpfe, die er schlafen hört. Denen er, ganz bestimmt, an einem Regentag einige Steine und Treibhölzer wird abluchsen können, diesen Hosenscheißern, es wäre ja gelacht.

Zeitlebens

Das Glück sei ihr zeitlebens treu geblieben. Schon nach den ersten Monaten auf dieser Welt sei das wohl so schon gewesen, wenngleich unbewusst – als die Mutter sie in einer kleinen Stadt in Elsass-Lothringen im Jahr 1942, in einer Stunde größter Verzweiflung, in einen Wäschekorb gebettet, vor der Tür einer Parterrewohnung abgestellt habe. Neben dem Kindchen hätten ein kleiner Geldbetrag und ein Zettel gesteckt, auf welchem sie flehend darum bat, ihr Kindchen zu behüten. Und, wie zum Beweis ihrer Liebe, habe sie von sich noch eine Fotografie beigelegt, auf deren Rückseite gestanden habe: »Für dich, mein liebstes Engelchen, das ich nie vergessen werde.«

Die Fotografie der Mutter habe sie noch immer. Als kleines Mädchen habe sie das schöne Gesicht der jungen Mutter wie eine liebste Freundin betrachtet. Und wieder viele Jahre später wie eine geliebte Tochter, die sie aber nie gehabt habe. So sei das junge Muttergesicht zum Inbegriff für Liebe und Glück geworden.

Es hätte zu nichts geführt, nach den Gründen zu forschen. Es hätte nur Trauer in ihr Herz gebracht. So aber sei das junge und schöne Muttergesicht immer ein Gesicht der Liebe geblieben. Und immer eines wie eine liebste Freundin. Und immer eines wie eine geliebte Tochter, die sie aber nie gehabt habe.

Nachdem die alte Frau zu erzählen aufgehört hatte, lächelte sie noch lange. Aber dem Gesagten noch etwas hinzufügen mochte sie nicht.

Was ich Dir noch sagen wollte

Ein Briefwechsel

1

Ich gestehe: Schon mit Deinem ersten Brief hast Du mich auf einen Schlag gefesselt! Lassen wir uns also ein auf dieses Abenteuer!

Jetzt steht mein Urlaub bevor, heißt für mich: lange Tage und lange Nächte in einem Irgendwo verbringen, (mein Traum wäre Irland!) um auch dort nur an den zu denken, der mit mir diesen Briefwechsel eingegangen ist, und der bereit ist, auch mich in seine Welt eintauchen zu lassen. Und der einmal an ein Mädchen, das in einem anderen Land zu Hause ist, geschrieben hat: ...dass es nicht richtig sei, ihr diesen Brief zu schreiben, der ihr nur Probleme machen wird ... der sie nicht zu ihm, nur weit, weit weg von ihm führt.

Wie beneide ich ihn, für dieses starke Fühlen – das in mir zwiespältige Emotionen weckt.

Deine Frage, betreff Lieblingsautor, kann ich schnell beantworten: Es ist Robert Walser. Seine Geschichten bewundere ich bis heute, im speziellen seine Lyrik. Überhaupt ist die Lyrik für mich das Maß aller Schreibkunst, mit der man jedes Thema auf den Punkt bringen kann, ob rational oder romantisch, spielt keine Rolle. Die Magie ist es, die zählt, die mich schon als Fünfzehnjährige fasziniert hat. Und ich bis heute in der Arbeit ein kleines Heft im Spind liegen habe, in das ich sporadisch meine Gedanken schreibe, dabei es aber keine Rolle spielt, ob gelungen oder nicht – was zählt ist etwas anderes ...

Darf ich Dir ein kleines Geständnis anvertrauen? Hat mit Deiner Bemerkung zur Partnerschaft zu tun, mit dem anfänglichen Rausch – und dann die Sackgasse, in die man gerät, ohne es zu wollen. Das hat mich elektrisiert, es ist so authentisch, als beträfe es mich ...

Ja, ich mag diesen Zustand des Verliebtseins. Dieses Bauch-Herz-Spiel, jenseits aller Vernunft – so lange, bis er sich wieder einmischt, der Verstand. Und alles wieder zu hinterfragen anfängt. Und nichts dem Zufall überlässt. Und das Hamsterrad wieder

Schwung aufnimmt. Und jeder Augenblick schon wieder in alle Himmelsrichtungen zerstiebt. Und Dich die Wirklichkeit wieder eingeholt hat. Und auch von einer weißen Wolke, weit und breit nichts mehr zu erahnen ist ...

Hoffen

Den zu finden der
Ganz Mensch ist
Noch träumt ein
Begierig Herz

2

Und wenn du wiederkommst, wird dich ein Brief von mir begrüßen, hast Du mir geschrieben. Geht's noch schöner!? Zwei freudige Ereignisse zugleich: Meine Reise! Und nach meiner Rückkehr von Dir ein Brief im Kasten!

Weißt Du, ich bilde mir ein, dass in Irland die Seele erschaffen wurde, mit absoluter Sicherheit aber meine – wie sonst soll ich mir diese Sehnsucht nach diesem Inselland erklären?

Dein letzter Brief kam zur rechten Zeit! Mir ging's nicht besonders. Aber deine Worte fabrizierten wieder kleine Wunder …!

Es ist seltsam: Mein Leben verläuft im Großen und Ganzen in ruhigen Bahnen; ich habe einen Job, habe Freunde, kann weitgehend sein, wie ich sein möchte, und doch ist da immer etwas, das mich nie wirklich zufriedenstellt. Das in mir zu kippen droht, und alles, was gestern noch Freude war, heut nur wieder Zweifel ist … Aber dann, vor zwei Tagen, kam Dein Brief! Auf einen Schlag war alles wieder Licht, alle Mauern wieder eingestürzt!

Du hast recht, wenn Du sagst, dass ich mich in Bezug auf Partnerschaft schon öfters widersprüchlich geäußert hätte. Vielleicht ein zu egoistisches Denken, der Grund dafür sei. Es aber allemal besser wäre, mich nicht vom ersten Eindruck zu sehr blenden zu lassen.

Ja, bestimmt hast Du recht! Aber weißt Du, zwischen Dir und mir stand eine Mauer – Du auf der einen Seite und ich auf der falschen ...

PS.: Bitte schicke mir recht bald wieder ein paar Gedichte von Dir!

3

Freund, kann nicht länger warten, bis Du mir antwortest. Etwas in mir sehnt sich nach Dir. Und in meinen Gedanken baue ich schon einen Tunnel ...

Weißt Du, manchmal versteh ich die Männer nicht. Da ist eine Frau, die sich zärtlich zeigt, aber dann der Mann ganz plötzlich nicht damit umgehen kann, ihr sich gegenüber total unsicher verhält, sich unterlegen vorkommt. Und nicht weiß, wie darauf zu reagieren. Und von einer Sekunde auf die andere, ein Fremder ist. Und nur noch beeindrucken möchte, nicht die kleinste Schwäche zeigen. Und die Frau irritiert, sich ihm gegenüber hilflos und schuldig vorkommt. Und zwischen ihnen dann alles wieder nur noch ein scheinheiliges Getue ist. Und die Frau sich wieder den Liebesgeschichten von Robert Walser zuwendet, wohl wissend, dass sie sie nicht wirklich zu trösten vermögen. Warum ist das so ...?

4

Ich staune, mit welcher Lust ich Dir schreibe! Wie prickelnd mir unser Spiel schon geworden ist – für mich, den Alles-oder-Nichts-Typ, der nur Heiß oder Kalt kennt, dem Laues zuwider ist.

Ab der kommenden Woche werde ich beruflich wieder stärker beansprucht sein, was heißt, dass wir unser Spiel etwas einschränken müssen. Auch dachte ich schon daran, wie es wäre, wenn wir unsere Briefe, Gedichte und Aphorismen als Buch veröffentlichen würden. Dein Gedicht: »Nacht« und noch andere – wunderschön! Sie sollten nicht in einer Schublade dahindämmern!

Deine letzten Zeilen – so zärtlich und kraftvoll zugleich, sie machen mich immer aufs Neue so übermütig ...!

Ja, Mut zeigen. Zuhören lernen, wie recht Du hast, Du zärtlicher und sensibler Briefeschreiber!

Manchmal schließe ich die Augen und denke, welch glückliche Frau, die ihn an ihrer Seite weiß ...

Es stimmt: In Menschen wie Du und ich, schlummert wohl für immer Unerfülltes, Versäumtes ...

Du sagst, ich soll auf ihn zugehen. Aber warum tut es jener Mann nicht? Bin noch nicht wirklich im Westen angekommen ...

5

Die Zeiger rücken gen Mitternacht. Leise spielt noch die neue CD von Lionel Richie – in meinen Händen Deine wunderschönen Worte, die dem Mädchen wieder Mut machen, jenen Mann spüren zu lassen, was es für ihn empfindet ...

Du entschuldigst dich, dass Du mir bislang kaum Privates von Dir verraten hast. Ich gestehe, dass ich auch deshalb eine seltsame Trauer in mir verspüre ... aber auch wegen Worte wie: »Wenn Dir meine Briefe Mut machen, dann scheue Dich nicht, es zuzulassen wonach Du dich sehnst! Verdränge es nicht! Und schon gar nicht, wenn es um das geht, das Dir viel bedeutet.

Bestimmt hast Du recht. Aber weißt Du, es fällt mir, dem Ost-Mädchen noch immer sehr schwer, so zu denken und zu handeln, denn jener Mann um den es geht, ist verheiratet ...

Aber Deine Briefe sind für mich Poesie! Ich brauche sie! Und auch mein Herz braucht sie. Verschließe nicht das Fenster in Dir, sonst wäre alles nur noch schwarz in mir! Ach, vielleicht muten wir Dir zu viel zu –meine Fantasiewelt und ich!

Schau, ist mit gerade wieder eingefallen, kenne aber leider den Dichter dieser wunderschönen Worte nicht:

> Du bittest mich, ich soll dich kühler küssen
> Nur meinen Blick erlaubst du anzufassen
> Von meinen Händen möchtest du nichts wissen
> Ich soll sie tief in meinen Taschen lassen
> Gelassenheit ist eine schöne Sache
> Ich fürchte nur sie wird uns wenig nützen
> Wenn ich die Hände in den Taschen habe
> Wie soll ich mich vor deinen Händen schützen ...

6

Sag, haben wir beide uns denn nicht mit großer Neugier auf dieses Spiel mit *Ausgang Unbekannt*, eingelassen? Kaum, dass ein Tag vergeht, an dem ich nicht denke: Wie er wohl aussieht, mein zärtlicher Briefeschreiber? Und dann steh ich wieder kurz davor, mich einfach ins Auto zu setzen und tausend Kilometer weit 'gen Süden zu rasen!

Nein, was schreibe ich! Das käme ja einer Attacke gleich! Dann bin ich wieder stark, hat mein Wille wieder über die Gefühle gesiegt! Ergeht es dir auch so?

In solchen Momenten fühle ich mich Deinem Gedicht: »*Nacht*« so nah ...

7

Dein Brief vom 04.09.92 liegt vor mir. Und ich weiß nicht, ob ich meinen an Dich schon bereuen soll …

Ich schrieb Dir in einer Situation, in der ich sehr angespannt war, beruflich als auch privat, so nur kann ich sie mir erklären, Deine letzten Worte an mich …

Du weißt, dass ich Deine Briefe nur liebe! Sie sind für mich ein Fenster in eine Welt von der ich weiß, dass es sie gibt, zu der ich aber nicht wirklich gehöre, und ich ihr nur in Deinen Gedichten und in deiner Prosa wirklich nahe bin, vielleicht der Grund dafür, dass Du meinst, dass ich mich in Dich verliebt hätte.

Aber vielleicht hast du ja recht, wenn Du sagst, dass sich in meinen Briefen die Grenzen zwischen Freundschaft und dem was danach kommt, verwischen. Ich weiß, oft trenne ich nicht klar genug, zwischen Freundschaft und Liebe. Meine Liebe gehört einzig allein jenem Mann mit den Problemen …

Aber wenn Du fragst, warum ich dann Dir und nicht ihm das alles erzähle, ist meine ehrliche Antwort: Ich weiß es nicht! Weiß nur, dass ich mit Dir auf eine befreiende Art und Weise kommunizieren kann, wie ich es noch nie zuvor mit jemand anderem konnte, und schon gar nicht mit jenem Mann, den ich liebe! Nur mit Dir kann ich es! Kann ich ganz ohne Scheu über meine Herzensdinge reden …

Wer bist Du nur, der das schafft?

8

Lieber, ich spüre, dass das Mädchen, das Du schon erwähnt hast, Dir sehr viel bedeutet ... Ach, da bist Du mir ein großes Stück voraus ... Aber es ist gut so, und wenn ich an Dich denke, denke ich an den sensiblen Mann, der mit mir einen Briefwechsel eingegangen ist, und der mir nur in seinen Briefen gehört, und mir Mut macht, der mir rät, mich nicht von der westdeutschen »Besserwisser-Kultur« »unterbuttern« zu lassen.

Ja, Du bist für mich etwas Besonders! Und deshalb fällt es mir auch so leicht, mich Dir zu öffnen, Dir zu sagen, wer ich bin und wie ich bin.

Ich kenne mich kaum wieder, weiß nicht, was mit mir passiert! Weiß nur, dass, wärest Du dieser Mann, den ich liebe, mein Leben ein wunderschönes sein würde! Aber solche Gedanken sind schon ziemlich verrückt ...

9

Du fragst, was ich beruflich mache. Ich bin erstaunt, hast Du dich doch in all der Zeit, nie dafür interessiert, oder?

Ich arbeite in einer Behörde. Sehe mir Grundstücke an, die Eigentümer zurückfordern, die zu DDR Zeit enteignet oder staatlich verwaltet wurden. Es ist eine sehr interessante Arbeit; wir haben es in erster Linie mit Bürgern aus den alten Bundesländern zu tun, und rechtlich ist jeder Fall anders. Ich hätte ja gerne Philosophie studiert, habe mich dann aber letztendlich für Agrarwissenschaft entschieden.

In unserem Amt arbeiten vier Männer aus den alten Bundesländern, die Begegnung mit ihnen ist für uns »Ost-Frauen« eine völlig neue Erfahrung. Sie tun nach außen stark, scheinen aber innerlich ganz schön kaputt zu sein; keiner auch nur einer Gefühlsregung fähig. Ich habe den Eindruck, dass für sie die »Ost-Frauen« so etwas wie eine spannende Erfahrung sind. Überhaupt ist die Begegnung zwischen der bundesdeutschen und der ostdeutschen Lebensart immer wieder interessant ...

Aber zurück zu Dir! Dass Du schreinerst, das finde ich toll. Ich mag Holz über alles! Wohne selber in einem Holzhaus, dessen Veranda ebenfalls aus dunklem Holz besteht, und das noch in einer wunderschönen Waldlandschaft. Vor der Wende bin ich immer gerne im September in die Pilze gegangen. Zwei, drei Stunden im Wald, das war so herrlich beruhigend. Und im Winter mit Skiern durch die weißen Wälder – herrlich!

Liebster, meinen Urlaub kann ich kaum noch abwarten! Ich werde meine erste Auslandsreise nach Irland machen! Seit ich denken kann, ist dieses Land das Ziel meiner Träume! Weiß nicht, warum ...

10

Ich schreibe Dir aus Irland – zwischen den Zeilen meine Küsse! Denke gerade an Dich, es ist Abend, ein aufregender Tag geht zu Ende! Werde wohl auch in dieser Nacht kaum schlafen können – auch weil ich weiß, dass es Dich gibt.

Wenn ich aus dem Fenster blicke, sehe ich eine wunderschöne Hügellandschaft! Mach Dich darauf gefasst, schicke dir irgendwann mein irisches Tagebuch! Und dann wirst Du noch vieles mehr über mich erfahren, auch darüber, worüber Du mir in Deinem letzten Brief geschrieben hast! (Das mit dem »Sich-zerrissen-Fühlen« ... Und stumm werden, wie ein Fisch ...)

Irland – alles Empfinden noch tausendmal stärker – auch die Liebe zu jenem Mann – die aber nie in Erfüllung gehen wird ...

Vor meiner Reise hatte ich mit ihm noch ein sehr intensives Gespräch geführt, mit der Erkenntnis, dass er nie, nie dazu fähig sein würde, den anderen auch nur annähernd so zu lieben und zu akzeptieren, wie er ist. Sein Ego zerstört alles! Eine deprimierende Vorstellung ...

In einem deiner Texte schreibst Du: Denen gewidmet, die mehr schreiben und weniger telefonieren. Da dachte ich, wie es wohl wäre, die Stimme des anderen zu hören ...? Überlasse die Entscheidung dem Autor der schönen Liebesgeschichte ...

11

Weihnachtszeit – habe in Gedanken meine Wange auf deine Schulter gelegt, einige deiner Gedichte gelesen, ein paar Takte von Reinhard Mey's »Über den Wolken« gezupft. Und mir der Gedanke kam, wie schön es wäre, einige deiner Gedichte zu vertonen. Was sagst Du dazu?

Ach, betreff jenen Mann, da kann ich Dir nur sagen, dass meine Gefühle für ihn nach wie vor stark sind. Empfinde darüber, einerseits eine innere Freude, andererseits aber bleiben Zweifel und Tränen. Nein, glücklich sein fühlt sich anders an ...

Ach, habe ich Dir schon gesagt, dass ich Miniaturen aus Glas sammle? Glas – ein wenig so wie eine Menschenseele: zerbrechlich. Ich habe zu Weihnachten wieder eine Glaskugel bekommen, in der sich eine zerlegte Taschenuhr befindet, die den Zeitstillstand symbolisiert. Ich nehme sie jeden Tag in die Hand und bin immer wieder aufs Neue fasziniert, wie stark man Zeitlosigkeit physisch spüren kann, gerade um diese Jahreszeit.

Du Lieber, lass mich nicht zu lange auf deine Post warten!

12

Schon naht die Zeit, in der ich weniger zum Schreiben kommen werde.

Dein letzter Brief hat mich völlig irritiert! Einerseits tat er mir so gut, andererseits war er auch Schmerz ...

Du hast mir einmal zu Recht die Frage gestellt, ob der Mann den ich liebe, auch dasselbe für mich empfindet, als Frau ich das doch spüren müsste. Meine ehrliche Antwort: Ich habe nicht den Mut, es wirklich herauszufinden zu wollen ...

Ich bin nicht besonders gut im Einschätzen. Ich glaube, je näher mir jemand steht, desto weniger kann ich objektiv sein. Aber ist das nicht immer so? Ja, man neigt eben gerne dazu, nur das wahrhaben zu wollen, was man wahrhaben will ...

Ich gebe zu, ich habe panische Angst davor, in welches Gesicht ich dann blicken würde ...

Ich weiß, früher oder später wird mich die Wahrheit einholen. Wird alles auf den Tisch kommen, ob es mir passt oder nicht.

Ach, warum immer diese verpfuschten Gefühle – und dann ist niemand da, der dich auffängt!

13

Endlich – die Tage werden wieder heller! Wie sehne ich mich nach dem Frühling!

Ich habe in den letzten Wochen keine Poesie geschrieben, zu sehr nimmt mich meine neue Arbeit in Beschlag. Ja, mir geht's gerade wie Dir: Du bist dabei, ein Haus zu renovieren. Und dennoch hast Du die Zeit gefunden, mir diesen zärtlichen Brief zu schreiben. Wie schaffst Du das nur!

Neulich hatte ich einen beruflichen Termin mit einem scheinbar knallharten Typ. Als ich im Verlauf unseres Gespräches zu ihm sagte, dass seine Art sehr angenehm sei, veränderte sich das scheinbar harte Gesicht schlagartig, und dann waren wir beide gleichermaßen darüber erstaunt, mit welchen Stimmen wir plötzlich unser Gespräch fortsetzen konnten. Und ich erst viel später Herzklopfen bekam, bei dem Gedanken, wie leicht mir dieses Gespräch gefallen war. Und auch im Gesicht des scheinbar harten Mannes, keine Härte mehr zu sehen war.

Es gab einmal bei uns in der ehemaligen DDR ein Theaterstück, das *Die neuen Leiden des jungen W., frei nach Goethe*, hieß. Die Handlung spielte in heutiger Zeit. Ich habe dieses Stück gleich zweimal gesehen. Das Bemerkenswerte dabei war, wie der Autor das Naturell der DDR-Jugend getroffen hatte, nicht so sehr in poetischer Hinsicht aber auf der Gefühlsebene. Und ganz besonders hat mir gefallen, dass er seiner Angebeteten, nicht wie üblich, Briefe schrieb, sondern Musikkassetten besprach, die sie sich dann gegenseitig zuschickten. Ist das nicht toll?

Im Nachhinein glaube ich, dass die letzten zwei, drei Jahre für mich, die bislang intensivsten waren. Nicht nur wegen der Einheit, aber wegen der Menschen und all der Begeisterung – für mich noch immer unbeschreiblich! Ja, das alles war nur mit der neuen Freiheit zu erklären – auch trotz mancher negativen Erfahrungen.

Ich denke, dass diese vierzig Jahre DDR auch mit mir etwas gemacht haben, das zu reparieren noch lange dauern wird, auch wenn mittlerweile, der eine oder andere Dreck schon abgebröckelt ist. Ja, so einen wie Dich hätte ich, weiß Gott, damals gebraucht!

14

Du Lieber, hätte ich Deinen Brief gestern beantwortet, wäre meiner wohl noch trauriger ausgefallen als heute.

Als ich gestern deine Zeilen las, rannen ein paar Tränen über meine Wangen – Deines Briefes wegen und anderer Tiefschläge, die ich tagsüber schon zu verdauen hatte. Aber Dein Brief, einige Passagen, gaben mir den Rest ... Ist doch meine Verfassung auch ohne Deine Worte schon ganz unten. Aber vielleicht lag es auch daran, dass mich schon seit Tagen eine starke Erkältung plagt, und zum anderen meine Arbeit mich sehr beansprucht – und, Du ahnst es: Auch wegen jenem Mann meines Herzens, der mir gestern sehr weh getan hat. Ich glaube, dass es eine Retourkutsche war wegen eines anderen. Beide kennen sich. Jener andere hatte sich mir gegenüber auf eine Weise geäußert, die ich mir so sehr von ihm ersehne, der nur den kleinen Finger nach mir ausstrecken bräuchte und schön flöge mein Herz in seines! Aber der Mann reagiert nicht, warum nicht? Und wenn doch, dann total daneben!

Ich komme immer wieder zum selben Resultat: dass er unfähig ist, eine Liebe aufrichtig zu erwidern, er sich nur von Eifersucht getrieben verhält. Ja, ich muss mich entscheiden! Diese Liebe in mir nicht mehr länger zulassen, mich abnabeln. Aber diese Worte nur aussprechen ist ja so einfach ...

Du hast mir die Geschichte einer Liebe erzählt! Sie für mich auf Kassette gesprochen – wunderschön! Jetzt kenne ich auch Deine Stimme! Und da hat sich ganz plötzlich etwas in mein Herz gebohrt! Etwas Trauriges. Etwas, das unmissverständlich Klarheit schaffte: Dass ja all Deine schönen Worte, nicht mir gehören, ich sie ja nur hören durfte ... Indes in mir nur ein Gedanke brannte: Wird es jemals in seinem Herzen auch für mich ein Plätzchen geben ...?

Welche Wege werde ich dafür noch gehen? Oder werde ich eines Tages doch noch aussteigen aus diesem, sogenannten gut situierten Leben? Und mich gänzlich anderen Leidenschaften überlassen – frei von allen Zwängen?

Mir kommt es manchmal so vor, dass, je mehr man sich diesem gut situierten Leben ausliefert, alles wirklich Schöne, Erstrebenswerte für immer auf der Strecke bleibt, bis irgendwann nur noch Eingelulltes an einem nuckelt. Und Worte wie: Leidenschaft, Sensibilität, nichts mehr bedeuten! Nur noch eine Lachnummer, eine Beliebigkeit bis zum Platzen!

Sag mir, liebster Freund, wenn auch Dein Innerstes mich nicht mehr erreicht! Nur ein bisschen von Dir, ist mir zu wenig!

Verzeih, ich muss weinen, wie leicht ich diese Worte schreibe!

Meine Schwester machte mich auf dieses Gedicht von Kristiane Allert-Wybranietz aufmerksam:

Manche Leute
lassen ihre Mitmenschen
fallen
wie eine
aufgerauchte Zigarette –
achtlos
ohne Kommentar
weggeworfen wie eine Kippe ... einige treten sie
dabei sogar
aus

Verzeih meine Stimmung, es liegt ja nur an dieser verdammten Erkältung; den ganzen Tag habe ich im Bett verbracht, durch das Fenster in den Himmel geschaut, die Sonne kitzelte mir ins Gesicht. Ja, bald wird der Frühling wieder alles neu machen! Nur traurig, dass der 82-jährige Nachbar gestern gegen 20 Uhr gestorben ist. Aber das wollte ich gar nicht sagen ...

15

Mein Liebster, jetzt ist die Zeit gekommen, wo ich gegen alle Gefühle ankämpfen muss! Mein Innerstes mit einem Schloss verschließen – so lange, bis es resigniert, all Rumoren für immer aufgibt! Und ich mich nicht mehr nur nach stundenlanger Musik sehne! Und nicht mehr nur an den denke, der mich versteht! Und der jetzt – und für immer, mein Herz wieder verlassen wird ...

Im kommenden Monat ist das Jahr um, unsere Zeit vorbei, in der sich zwei Menschen, mal mehr, mal weniger aber immer wundersam berührt hatten – trotz des Wissens, dass nach 365 Tage alles wieder zu Ende sein würde – denn nichts blüht ewig ...

Eine Trauer hat sich in mir eingenistet ... Bekomme kaum noch Luft. Gut, dass Du nicht in meiner Nähe bist ... Kein Hauch von Dir, mich berühren kann.

Deinen ersten Brief hast Du mir im Mai vor einem Jahr geschrieben.

Und jetzt erblüht die Natur wieder ...

Wem von uns wird es wohl besser gelingen – das Lebewohl zu akzeptieren?

Wir werden uns dieses Geständnis nicht mehr anvertrauen. Begnügen wir uns damit! Seien wir zufrieden!

Ich habe in diesem einen Jahr mehr an glücklichen Gedanken und Momenten erleben dürfen, als in meinem ganzen Leben zuvor.

Lebewohl, mein, lieber, lieber unbekannter Freund! Ich küsse Dich, es ist Mai!

Im Sommer werde ich wieder nach Irland reisen! In einem kleinen Dorf, in einem kleinen Haus, die Nächte verbringen.

Inhalt

Auszeit	7
Affront	8
Ärgerlich	9
Antwort	10
Anfangende	11
Achtzehn	13
Anekdote	14
Abgenabelt	15
Behauptung	16
Beata Vita	17
Blechdach	19
Besserwisser	20
Blaues Kuvert	21
Briefschreiberin	22
Dichter	23
Du und ich	24
Dünnhäutig	26
Diamantherz	27
Damals	29
Der mit dem Wolf tanzt	31
Einkaufsbummel	32
Einfall	33
Ebenbild	34
Erinnern	36
Ende	37
Ereignis	38
Enttäuscht	39
Einmal	40
Etwas	41
Fußgängerampel	42
Freude	43
Für immer	44
Freundin	45
Früher Vogel	46

Festlichkeit	48
Flüchtig	49
Geschockter	50
Glücksfall	51
Gemunkel	52
Gedanke	53
Gelächter	54
Georg	55
Geständnis	56
Glück	57
Gewitterregen	58
Horror	59
Halbe Ewigkeit	60
Hardliner	61
Heimweg	62
Hoffnung	64
Immer mal wieder	65
Idiot	66
Inszenierung	67
Identifizierung	68
Jugendfreund	69
Kinoabend	70
Kinderschaukel	71
Katastrophe	72
Klacks	73
Klarstellung	74
Karfreitag	75
Kussmund	78
Krümelchen	79
Gepäck	80
Lange danach	81
Literaten-Gefilde	82
Lüge	83
Liebes	84
Lieber	85
Markttreiben	87

Morgenstund	88
Metamorphose	89
Mondrot	90
Mord	92
Menschlein	93
Mitteilung	94
Mysteriös	95
Mondgras	96
Mondlicht	98
Mutiger	99
Meer	100
Maske	101
Notizen	102
Notenblatt	104
Nobeljeep	105
Ohne Limit	106
Pessimist	107
Pit	108
Reaktion	110
Ereignisvolles	111
Resümee	112
Stolz (1)	113
Stolz (2)	114
Schicksal	116
Streifzüge	117
Schuld	118
Sag doch	119
Sandkuchen	120
Stärker als die Angst	121
Schneckenkönig	123
Sehnen	124
Showtime	125
Stundentakt	126
Schein	127
Schein-Heilige Zeit	128
Sieger	130

Sonntage	131
Sommer	132
Traum	133
Ticket	134
Treue	135
Träumer	136
Traumprinz	137
Trauma	138
Tragödie	139
Ungewisses	140
Visionen	142
Veränderung	143
Verbrechen	144
Verliebter	145
Visionär	146
Vater	148
Vorsehung	149
Vernarrt	150
Vergeblich	152
Verwirrspiel	153
Verwirrt	154
Wir	156
Wieder	157
Wir – nur Wir	158
Weißt du es noch?	159
Wir hatten	160
Wartezimmer	161
Zeremonie	162
Zwölfeinhalb	163
Zeitlebens	165
Was ich Dir noch sagen wollte – Ein Briefwechsel	167

Ebenfalls bei TRIGA – Der Verlag erschienen

Gerhard Lang
Was bleibt ...
Atemzüge der Erinnerung

»Fast meine man, eine frühe Erzählung von Hermann Hesse zu lesen, jenem Meister der Sprache und der in Literatur gefassten Erinnerung.« (Brigitte Mittelsdorf, Bitterfelder Zeitung über die Erzählung »Die erste Liebe«)

In klarer bildhafter Sprache erzählt Gerhard Lang mit genauem Blick für die entscheidenden Details Geschichten und Episoden, die Leben in Momentaufnahmen, Erinnerungen und Phantasien greifbar werden lassen. Sprachlich kraftvolle, sehr einfühlsame, unsentimentale Erzählungen.

142 Seiten. Paperback. 9,90 Euro. ISBN 978-3-89774-172-0

TRIGA – Der Verlag
Leipziger Straße 2 · 63571 Gelnhausen-Roth · Tel.: 06051/53000 · Fax: 06051/53037
E-Mail: triga@triga-der-verlag.de · www.triga-der-verlag.de